THE BEST WORD SEARCH BOOK EVER MADE

(so far)

ISBN: 9781790119851

THE INTRODUCTION

This isn't a typical word search book. As you'll see, it isn't *too* different than the other books out there, but many of the puzzles have additional elements to them. It may be a small piece of associated trivia, a curious characteristic among the words that you have to figure out, something related to the letter grid itself, or even just an interesting list of words to look for. There are some "regular" word searches sprinkled throughout – as a series of small intermissions of sorts.

I hope that you enjoy the puzzles and words in this book, that you come away from it with an enhanced appreciation for words and their intricacies, and that you learn some small bit of trivial knowledge that you can shout from your couch during Jeopardy three years from now.

THE PUZZLES

MOST _______-__ WORDS OF 2017

These ten words have something interesting in common. After finding them all in the grid, can you figure out what distinction they share and correctly fill in the title of this puzzle?

```
U G U H Y G Y Z Y S R Y L
M S I N I M E F H R L E A
A T L D E D I U F E M F E
Y R I T F I R C I S E R L
H Z E C M R C L I G R D I
T E I A I R I L U H E G F
A E Y C H L A O R Y G U D
P R A E E R P E H E A R F
M N T F E S C M F T A O E
E D N D E U S F O T H I R
S R E L S N A D O C H R N
Y F L E F G N D N M H N S
R D Z T E C E Y Y M I T Z
```

COMPLICIT
DOTARD
EMPATHY
FEDERALISM
FEMINISM
GAFFE
GYRO
HURRICANE
RECUSE
SYZYGY

Solution on page 130

ACTORS AND ATHLETES

Here you're looking for a bunch of actors and athletes. These ones all had something in common in 2007, can you figure out what it is? (Hint: The following puzzle asks a very similar question...)

O N X L N J M D D S F E D A G L W Y S W Q C V S Z D T Z Z
J O K A L S W N O Y S D I J I A L Q N X E Z J E A H H Z W
C S A Y Z G J R X U P C X O D A R V J C O W U M G D U A C
Q R V M R K P O M U F E I L O J A N I L E G N A T R D C V
B E O L K L E S K S Y J L X L L Y N H A C S C J I Q C E W
M D K N F D H F H R Z E K K B L P S H N S G N N G U J F U
V N Z H O I U L L G C D Z B X T C F A S W T B O E Z W R H
P A E V B T Q O V N L V V N G N P H F Q W P O R R C N O P
B A P K G M I C H A E L V I C K O K S M F W A B W Y F N Q
N L O I Z R M L Y F C U K K O L S S S I F E R E O M B P S
C E L G L H I N R K R M E X Y B S W D L Q Z I L O X I N S
Z M R E V X C E P N C O V A K N C K O N D N O W D M E I U
Y A E M R Q H H H M P E S A U L U Y C H O A K E S G A E R
I P F X T R A K E F O D J Z F M D M G O R B Q V D L B M Y
I E I F N O E S H A N F P P K M S G A T F L Y U D L G P C
E L N C F R L F D I W Z U H A B J S M H N A H R U R C L Y
A G N N U H J A L X B P K Y D K R T I Q K A A T R I C X E
M N E O J J O W T L Z Q W X M T N C W J S C Y M K A C S L
I I J G D Z R U N M I E Z P A B X F C S Y I E R C S B Z I
S N C X U U D V I V A W D W B S Z L E Y A S P B B Z W Q M
V N H B W N A O F T W B S C I V I N E X U S M G D E M A R
G A B X L R N M H Z O I U B B D A T L U H E H E H I B G K
L M M L W Y K E I P H Q A J E V X S O Q O J H R B Q V O B
H N Y X X E R Z B Y N U W X E D Y X F M Y I V J O X J A K
N O I L P Q W I L G J K T J G I J J B C B R Q W T U O W D
O T S B A M O B I I V Z J A A O E A T Q T R N B F P E O E
B Y M P N U L E G A M U I G V S I U B X K H A U Z T H Q D
P E T X I X Y U C P S G N I P K C F A J P Y E D V Z X F D
O P Q G F X R E K A L R E B M I T N I T S U J R Y R R G S

ANGELINA JOLIE	JESSICA ALBA	MICHAEL JORDAN	TIGER WOODS
BARRY BONDS	JUSTIN TIMBERLAKE	MICHAEL VICK	TOM BRADY
DAVID BECKHAM	KOBE BRYANT	MILEY CYRUS	VANESSA HUDGENS
FLOYD MAYWEATHER	LEBRON JAMES	PAMELA ANDERSON	WILL FERRELL
JENNIFER LOPEZ	LINDSAY LOHAN	PEYTON MANNING	ZAC EFRON

Solution on page 130

MORE ACTORS AND ATHLETES

You're looking for actors and athletes again. This time, the question is: What did these people all have in common in 2017? If you're wondering why these two grids are so big, it's because people like these are few and far between.

```
Q A P J G W R S O P D X T R Y F H V G K Q Y A A A P S G R
Y G J X V P J Z X U N B Q W W H L B R O Z G M I S V O L Z
F V F J D W K Y I E J F H J N L K H D T X A Y C K K P D E
N Y Y W M N G Y J W I D N T N V C T W B L R O R I I C J M
W R Q Y W B F S Q O J D Z S B C S H W S J O Y A X K K B Q
O B P K K Q M Z P J P R Q Y F J I I G Y O U M G J S Z M B
R W X X B X Y O Q E B K J U E M U G S M E W Z O V C A G V
B W J L E K N S G N X F M H K F O A J Z T V I I V X X P J
Y C J F T E O Y H F A C Z B S R L F E V Y F V G S E N G B
B J G L Z V H S L H P Y S B D J R F U S P K E R J M G O H
B G X O Y I T G X Q K B Y O M K R P G F I A I E T J D C G
O Z B Y Q N N L I P P W N N G E B R E F A W L S H C Y K O
B E I D C S A B R O O H M I I R L J Z S J G Y C J M W S S
E G L M D P O I N K A K Z J J S L G L Y N N C M B K K Q Q
I R L A P A L P P Y A N D Q B I A Q J A R Y H O M Z K N W
L O S Y M C E Q W Y T L U L X K B I W Z D T I L E O P Q A
L E K W J E M A E R W F L Z G N O C A B P Q G A L L T R S
I G A E W Y R B K Y A E E W E X Z T B H S G S X K T T A G
M L R A A D A Q C A B P O S D L N L F M T K I X R D R O G
G U S T R E C Y R P Z H D R D D O A W E A H R Y A V C A O
F A G H B O V O M Q B P K T N B L P E R O X O A M E L Q H
X P A E N H N A K C G W K A J T T W H Y W V W M N G E F N
U M R R W B C J T F E G L Z Q V O N T L H O P Q A Q L H Q
K C D Y O A Q L U M K L I I W U K N N S Y D V D H S X I B
M H D O I L Z E N D O J A K M L R Q Y T U E O H G C X Q T
F P N A G X F Y A H G F N P J R E Z U R N T H O E H Z P X
B E M D G S B E M C P E J S G R X Z N E O N X J M W P Y X
J B U R V U O O M D W B Y K F U Z E J E C M X P O J W X O
R M I Y X D T K C V R K T Z A V H I L P K Z O L Z I Q A X
```

AARON BOONE
AARON JUDGE
BILL SKARSGARD
CARMELO ANTHONY
FLOYD MAYWEATHER
GAL GADOT
GORDON HAYWARD
ISAIAH THOMAS
KEVIN SPACEY
LONZO BALL
LOUIS CK
MAIA CAMPBELL
MEGHAN MARKLE
MERYL STREEP
MILLIE BOBBY BROWN
PAUL GEORGE
SERGIO GARCIA
TOM HOLLAND
TOMMY WISEAU
TONY ROMO

Solution on page 130

THE 100 ____-_______ WORDS

I'm sure you've quickly noticed the many words in the word search below that aren't part of the word list. Collectively, they are the key to filling in the title of this puzzle. Can you figure it out?

AFOOT
BOOT
CHAOS
FEST
HATH
HEMS
HOLE
MONO
NEST
OHM
ONTO
OVERT
RITE
SEAL
SOWN
SURE
TOTE
TUBS

T H E B E T O O F A N D A
I N T H A T H A V E I I T
F O R N O T O N W I T H H
E A S Y O U D O A T T H I
S B U T H I S B Y F R O M
T H E Y W E S A Y H E R S
H E O R A N W I L L M Y O
N E A L L W O U L D T H E
R E T H E I R W H A T S O
U P O U T I F A B O U T W
H O G E T W H I C H G O M
E W H E N M A K E C A N L
I K E T I M E N O J U S T
H I M K N O W T A K E P E
O P L E I N T O Y E A R Y
O U R G O O D S O M E C O
U L D T H E M S E E O T H
E R T H A N T H E N N O W
L O O K O N L Y C O M E I
T S O V E R T H I N K A L
S O B A C K A F T E R U S
E T W O H O W O U R W O R
K F I R S T W E L L W A Y
E V E N N E W W A N T B E
C A U S E A N Y T H E S E
G I V E D A Y M O S T U S

Solution on page 130

IN GOOD COMPANY

You're looking for companies. Big, big companies. Can you figure out what distinction they all share? The size of the grid is a hint.

```
L I B O M N O X X E E D A D K K P P V R X I B M U G E S T R
C V E M U E B H N S O R K H K N F R C I S T W R N I J K R N
L B V P W O I E N F M I E M S I A Z M T S E L O I F U X A T
E N P I D O F R F O Z I K E A N H E E F P A M A T I E R M A
W A L T D I S N E Y T K R V I F L I N O B H N Z E O C P L M
T T E R I Z K R W P S O V C J I C Z A S F E Y R D G I H A E
K A N L U N N E S K I S T E C W I N R O O I I P T E S L W R
J E O O E K R I F S E A Y P R I S I H R D N N R E N C K U I
O P G J P T A L X U R S T U I I E N R C G B M O C E O B S C
H K U N U U N H C X S K Z I O R Z S L I H A C C H R S C E A
N N N O I T D N D A G V H V R E J O S M I O D T N A Y S K N
S S S X R E O W C R T N G V B P I R N E X T O E O L S O I E
O I S N M G O P O H D E S R M A E S L P Y M N R L E T O N X
N Z P U E I H B E D Y P R O A L Y E E G X T A A O L E M E P
A E R E Z A B T I D G D R P E M T E G O P K L N G E M A E R
N H R F U B Y J L R E G Z V I N E U A L Z Z D D I C S A S E
D X Z D A A N J U A A M A O I L F N L D E Y S G E T W A O S
J V C C J W P E N N E R O S N H L N T M K H R A S R V C W S
O N X O O N H S C A T H S H Z I A A M A B V C M O I S K E U
H Y P M B C C H R I O I D S E O M E R N O O T B L C U N M O
N V T C X F A Z I A H I J E P H R L Z S C I H L G J R A N K
S G O F D S O P N E L O H S T C T E A A L O T E D O T F M X
O A O X E S K I Z O X J C H K I B A C C U C P X G J N C X K
N X E E E P N F S F P I C B A F N O R H Z R K S S N Z O W R
C C I V T E H Z C D F A G E C N L U E S M U P N X R G J S G
V O R D W Z W A C S I C O V E A L M L T B P A A O P A E A J
E W P U S A W D K A Z A J C D H O Y R U O I G X V N O T B J
Y O R N U J X S F R E S W J G C H E V R O N N S X A P P L E
B N S O K E E A I F R L O A R O F K A E E S A 3 I B C H N J
S W G Y W N M A S E D S D G J A H Y C P J N W K M N R G P C
```

3M
AMERICAN EXPRESS
APPLE
BOEING
CATERPILLAR
CHEVRON
CISCO SYSTEMS
COCA-COLA
DOWDUPONT
EXXONMOBIL
GENERAL ELECTRIC
GOLDMAN SACHS
IBM
INTEL
JOHNSON AND JOHNSON
JPMORGAN CHASE
MCDONALD'S
MERCK
MICROSOFT
NIKE
PFIZER
PROCTER AND GAMBLE
THE HOME DEPOT
TRAVELERS
UNITED TECHNOLOGIES
UNITEDHEALTH GROUP
VERIZON
VISA
WALMART
WALT DISNEY

Solution on page 131

THIRTY NAMES

These thirty names all recently shared something in common. Can you figure out what it is? The next two word searches are very similar, but if you don't figure this one out first you will struggle with the following couple!

R H U A V G L N M E J O M U H A M M E D N
K I G N A I V O G A O O K E O L H C L Y A
H A J I L E P S H I L Z G I N G K T T M O
E N U K P G J A N T R Y E J L O U A M T L
T B A R A C L M O M H E H A E N S E U E I
T A K I I M A A J J D T O C Y H V Y L C V
O T C K H L G B R B S H I K L E H M A A I
L H Y T N P E T S O K A L S S T N O A R A
R N M T N A O Y H E O N K O J I A A S T G
A J C L A P G S A A A D A N M L O A B E P
H A V A M H G O I V H M V C Y L R M O R I
C E E L M P L Y L I L I I U K L S L L U A
R P K D V V L L E C R B R T L S L A J D V
S E H I L H L H M A V H Y K E A L P J A U
D S S U A M B Y A R A M N V E V I S L E L
R C C O U A I P E A I R A J D K R L G I O
D A N T Y T N A P R A P A O I C E Y S L H
S D S J A Y D E N P B L A K J B V I I M S
E E A I D E N O K N Y U S T A U U V L N J
A N R H L D P I M A I L A S S K E K A C G
C H I I A E J M L R J Y I L Y R Y B N R G

AIDEN
AMELIA
ARIA
AUBREY
AVA
CADEN
CARTER
CHARLOTTE

CHLOE
ELIJAH
EMMA
ETHAN
GRAYSON
ISABELLA
JACKSON
JAYDEN

LAYLA
LIAM
LILY
LOGAN
LUCAS
MASON
MIA
MUHAMMED

NOAH
OLIVER
OLIVIA
RILEY
SOPHIA
ZOE

Solution on page 131

THIRTY MORE NAMES

These thirty names also used to share something in common. It's a little surprising that none of the names in this word search were in the previous one... Can you figure out what it is?

P U B R U U R A Z G M N R E L Y T L U H L
M S J E S S I C A Z M L I I I H P E S O J
I N A G E M W R Y D A E I T A Y L O R X S
C M S G C E A R M W L H B N S T R G A B H
H A W X H Z A Y D A O C N C D U A W S X E
A G Z T S H O T U N X A T I I H A E H O E
E I T A C B M R I R H R N O U G U R L I J
L A T A I H E C P Z T U U X E G I D E I R
M B Z A W N H H Y X C O P C R I U N Y K V
L S O N U O U U W B B H A P A I O A V M R
S E I E L H Y L I M E W R W E S C E I A O
N P I A V H S M I A E I A I I E L Z H U T
C H S N H N S O U D A V I D S I A T Z U O
T H O A A O K A J Z B E A X Z T N E M X X
K A T J R D E I B L D M T A H A O X D I D
T S I H A N D K A Y L A B Z M S C P L V B
C S T T S A J U J U A E X A K C L E H O B
G Y V H O R G A E I T B S I X E L A B E N
B L M C V B C L V H R A I R V Y Z U Z G R
I A D V U O I O G S C O T J E T U E W I C
Z V I A B A M T J D O X W O A E K V C O Y

ALEXIS
ALYSSA
ANDREW
ASHLEY
AUSTIN
BRANDON
CHRISTOPHER
DANIEL
DAVID
ELIZABETH
EMILY
HANNAH
JACOB
JESSICA
JOHN
JOSEPH
JOSHUA
KAYLA
LAUREN
MADISON
MATTHEW
MEGAN
MICHAEL
NICHOLAS
RACHEL
SAMANTHA
SARAH
TAYLOR
TYLER
ZACHARY

Solution on page 131

THIRTY -MORE- NAMES!?

Yes, more names. Yes, some of them are finally repeats from the last list. And yes, these names also once had something in common. Have you figured it out yet? For fun, put a check mark next to all of the names in these three lists that are names of people you know. That's a hint.

```
U K L L K B G O E R P E Y N H O J C P R N
K O E K P N C H B S E M Y L I S A A T C F
T C U L M F K G M P A E W E B F L S U C H
R Y K W N W T A U B M T K L J E S S I C A
B C P M Y N V A E H V M K E V I N I B N G
M H M O U U E T L T G D E H C G A L T A S
V R C J V T Y D P E B A O T M W F E K A A
J I W V D J N E E V G J A E A I V M P V R
H S D M C S E L F W H N D B T L D E U I A
O T K I M B E R L Y D M A A T L R L D O H
E O M L P H F E M O U R N Z H I E O E C T
T P H D C H B H I I N O I I E A M P I B P
C H M I P G P T E N C A E L W M B N L E R
O E M E D Y R V F A A H L E C R O S F P R
S R S A V E O M G S T H A J C V I S N G C
N O V F B U P W J J E H P E N E J A I R A
J I B O E Y J I R L L M E E L W E J K D U
D L R H S A D N G T O V A R T N R P E S H
G P I F S C D U F A C N C J P S E C L J S
T U A O B U R R W B I V A D N A M A L I O
J E N N I F E R E P N D F B P U Y N Y J J
```

AMANDA
AMY
ANGELA
BRIAN
CHRISTOPHER
DANIEL
DAVID
ELIZABETH
HEATHER
JAMES
JASON
JENNIFER
JEREMY
JESSICA
JOHN
JOSEPH
JOSHUA
KELLY
KEVIN
KIMBERLY
LISA
MATTHEW
MELISSA
MICHAEL
MICHELE
NICOLE
ROBERT
SARAH
STEPHANIE
WILLIAM

Solution on page 131

THIRTY RANDOM WORDS I

Maybe you're already sick of the themes in this book. I don't blame you, even though I wrote it. The next five are just thirty random words, like most of the word search books out there.

Y E D I S C O U R A G E F S O N A
E P T U E V T I R M G S M R C A S
S K F T V A W F U L R E T R R G O
O C T I E B R F S A S O O U S R S
P I E S S S N C E U C U F S D O T
M H G N I T S G B L C Y T E T Y R
O T K G D P A A E H R R V D R V I
C R K A P R A R C A T O Y Y D L D
N V F H U F K R I C R V T V C T E
U U A O U T T L E C T I P E F F A
P D C N M B I P U H L O T G E S B
T N T S C M S D N A T S R E D N U
E B O C A E M D E T T O L T P E C
G U R F R F L R E Y F I T S E T T
R T Y I T A E R T S I M P T A S F
O T L F D A Y V I G O R O U S A T
F E V E R E R U T R A P E D T T E

ABUSE	FACTORY	RESPECT
AWFUL	FAMILIAR	STING
BRIDE	FEVER	STRIDE
CASSETTE	FORGET	STUDY
CLERK	IVORY	TASTE
COMPOSE	MISTREAT	TESTIFY
CROUCH	ORGAN	THERAPIST
DEPARTURE	POTTERY	THICK
DISCOURAGE	REALITY	UNDERSTAND
ENCOURAGE	REFORM	VIGOROUS

Solution on page 132

THIRTY RANDOM WORDS II

H	U	N	T	I	N	G	Y	M	E	D	A	C	A	M	O	K
L	I	K	F	A	X	K	L	L	E	E	R	U	T	N	E	V
A	M	O	D	I	S	C	I	P	L	I	N	E	E	E	H	R
R	P	T	B	H	F	B	S	I	N	G	E	R	S	V	M	H
O	O	C	E	V	O	R	N	E	L	C	L	X	I	I	U	P
M	S	R	O	M	U	D	U	S	A	E	D	I	T	I	G	I
K	T	E	N	N	U	T	K	A	R	L	Y	B	R	E	N	N
T	E	S	G	S	F	A	K	E	D	E	R	P	E	O	N	I
S	R	T	T	A	V	I	C	R	E	B	O	U	P	I	N	T
I	K	R	C	A	R	O	N	C	H	R	T	F	X	B	O	I
T	Y	A	L	E	R	E	F	E	T	A	C	T	E	M	T	A
R	B	I	R	D	T	D	V	D	A	T	E	L	G	N	I	L
A	D	N	I	E	T	S	H	O	C	I	R	P	F	H	C	X
A	H	N	D	P	P	I	U	A	C	O	I	B	T	X	E	E
B	G	H	Y	T	R	I	D	R	K	N	D	X	R	M	Y	P
B	L	A	C	K	M	A	I	L	H	T	C	E	F	F	A	B
I	I	C	O	M	P	L	I	C	A	T	I	O	N	T	C	P

ACADEMY
AFFECT
ARTIST
BLACKMAIL
CATHEDRAL
CELEBRATION
COMPLICATION
CONFINE
COVERAGE
DECREASE
DIRECTORY
DIRTY
DISCIPLINE
EXPERTISE
EXTENT
FENCE
HUNTING
IMPOSTER
INDUSTRY
INITIAL
MOBILE
MORAL
NOTICE
RECORDING
RESIGN
RESTRAIN
SINGER
THRUST
VALID
VENTURE

Solution on page 132

THIRTY RANDOM WORDS III

A B R E A K D O W N A E B J R E K
W D A S H A D O W D E W L E E L K
A J V C K G T E A V I W F G V P D
B W D I E B B F E D U L C N I I J
E N O I S S I M S N A R T E H C U
T C I U N E E C R O F G A V S N D
T R P L P A R F E E R Y N E M I G
E I R I L S P F I E L O D R I R E
R S E A A R R P H A I A T E M P T
A I V R N G O C R T H C T A P G N
G S A T T L U T C O C P L I R U E
I R L D B O Y E A Y P R O A V D T
C H E M V J S B G T W R A K V E N
O Y N Y F I R A L C E Y I C W W O
R U C I C C C L O H O C L A K F C
L V E U F I N E T I C C E N T E R
A R G U M E N T R E E R A C B E L

ADVICE	CRACK	RELATIVE
ADVISER	CRISIS	REVENGE
ALCOHOL	FORCE	ROTATE
ARGUMENT	INAPPROPRIATE	SECTION
BREAKDOWN	INCLUDE	SHADOW
CAREER	JUDGE	SHIVER
CENTER	PATCH	TEMPT
CIGARETTE	PLANT	TRAIL
CLARIFY	PREVALENCE	TRANSMISSION
CONTENT	PRINCIPLE	VOUCHER

Solution on page 132

THIRTY RANDOM WORDS IV

T	N	R	C	O	L	O	R	F	U	L	N	Y	E	W	L	K
C	O	U	J	S	S	E	N	R	E	D	L	I	W	C	R	S
E	I	E	I	Q	T	S	U	J	D	A	B	Q	A	U	A	C
P	T	X	V	S	O	P	T	X	Q	M	A	Y	C	R	R	H
S	I	P	L	I	T	I	H	I	R	S	S	C	H	R	T	E
O	D	E	N	G	T	R	N	T	L	V	K	N	E	E	I	A
R	E	R	N	O	V	I	L	L	A	G	E	E	A	N	F	P
P	V	I	H	B	T	T	S	C	S	E	T	U	D	T	I	C
T	R	E	N	C	H	O	I	N	N	F	B	Q	Q	X	C	D
R	F	N	C	V	R	T	R	O	E	I	A	E	U	F	I	N
P	M	C	C	L	E	T	S	I	R	S	L	R	A	I	A	I
I	O	E	I	N	I	I	A	T	O	A	L	F	R	N	L	M
A	R	D	G	L	R	N	H	E	R	U	L	R	T	A	L	E
N	N	A	I	P	F	D	I	G	R	Q	S	Y	E	N	H	R
O	M	Y	U	G	A	V	E	C	B	T	M	W	R	C	V	B
N	V	L	Y	Y	N	O	I	T	A	N	G	I	S	E	R	B
F	U	N	C	T	I	O	N	A	L	P	B	N	R	O	H	Q

ADJUST
ARTIFICIAL
BASKETBALL
BIRTHDAY
CHEAP
CLINIC
COLORFUL
CURRENT
EDITION
EXPERIENCED
FINANCE
FREQUENCY
FUNCTIONAL
HEADQUARTERS
LARGE
MAGNETIC
NOTORIOUS
PIANO
PRISON
PROSPECT
REMIND
RESIGNATION
SENSITIVE
SLEEP
SPIRIT
TRAIN
TREAT
TRENCH
VILLAGE
WILDERNESS

Solution on page 132

THIRTY RANDOM WORDS V

N	W	L	X	X	G	S	E	B	M	E	I	B	Y	R	K	V
I	A	N	N	I	V	E	R	S	A	R	Y	T	M	O	V	M
A	L	C	N	H	T	H	E	D	R	U	P	R	O	R	M	I
L	U	I	M	B	C	P	P	N	M	T	X	E	O	R	G	G
P	W	C	L	E	I	N	O	E	S	P	Y	A	R	E	A	R
X	U	O	U	X	R	N	R	S	A	L	T	T	H	M	L	A
E	C	M	N	K	T	O	T	A	I	U	I	M	T	G	L	T
K	A	P	Y	S	S	V	R	C	S	C	N	E	A	E	E	I
U	S	A	H	U	I	E	M	T	U	S	A	N	B	G	R	O
X	S	C	H	E	D	L	W	I	H	N	M	T	N	A	Y	N
E	U	T	M	N	L	E	X	U	T	D	U	M	O	R	N	E
L	M	E	E	N	D	P	O	S	N	Y	H	C	I	E	K	N
P	E	F	T	D	D	R	L	A	E	N	S	I	S	V	X	I
M	F	R	I	N	D	I	R	E	C	T	X	M	S	A	E	R
O	S	N	P	L	I	G	U	G	S	H	P	M	A	A	M	B
C	G	P	S	V	H	W	Y	B	C	S	U	P	P	O	R	T
O	V	E	R	W	H	E	L	M	A	P	P	R	O	V	A	L

ANNIVERSARY
APPROVAL
ASSUME
AVERAGE
BATHROOM
BLOCK
BRINE
COMPACT
COMPLEX
DISTRICT
ENTHUSIASM
ERROR
EXPLAIN
GALLERY
GRAND
HELPLESS
HUMANITY
INDIRECT
MIGRATION
NOVEL
OFFENDER
OVERWHELM
PASSION
REPORT
SCULPTURE
SPITE
SUITCASE
SUPPORT
TREATMENT
WEDDING

Solution on page 132

THE FIFTY STATES

We're back to themes now. I know what you're thinking: "Of course one of these is a list of the fifty states." Yeah, yeah, yeah... So these are the state capitals instead, and for bonus points: Can you identify which states they are the capital of?

```
O C T K E I S P I F E E C T L E S T I O A G X Y O
R T S V E E X P R A L E I G H S D N O M H C I R F
M E C G N I S N A L S I L O P A N A I D N I D O Y
V O A O C N C S I I D T X R R A I P M Y L O O X T
E N N M K N N V A S C A V N N O S I D A M L V T I
C F N T D L H H A H S E N I O M S E D A N N E Y C
A C A R G S A S A O A N O T S E L R A H C R R A E
R O P E A O Y H U R D L L S S A C R A M E N T O K
S N O N F C M T O B T O L U T E K E C E O S P E A
O C L T J A T E I M M F R A N K F U R T U S A P L
N O I O I K H M R C A U O H T N O I X G T A R R T
C R S N D L E E N Y N C L R M T D E U P I N X O L
I D T K R R L L V O O O I O D E R A A C E T Y V A
T R L G C M E A A L T F S T C B G U R C L A S I S
Y S J G O R N S U T N S C R Y E L U L A H F I D N
R N X O R A A M P R L H O O E T C O O U K E R E C
B E X O N U B M N R E A O B S F L I C R L V T N P
E F I I B I B L S Y I V N R E I F C H N N O L C R
K S X L A O L S E I L N N T A N S E O K T O N E S
B Y I X E B C N I Y B T G E A I D S J O C S T O G
N N L O T P N S K R S A A F D T K U P N A N R A H
A A L X B E T L C S R A A D I C N E I S R H P K B
F B J E D V V N O S N A G E A E K L P H O E N I X
L L I T T L E R O C K T H J A A L Y A U O V S A T
N A C E A C A P J M D I R U X Y V D C A S M A U R
```

ALBANY	CHARLESTON	HARTFORD	MADISON	RICHMOND
ANNAPOLIS	CHEYENNE	HELENA	MONTGOMERY	SACRAMENTO
ATLANTA	COLUMBIA	HONOLULU	MONTPELIER	SALEM
AUGUSTA	COLUMBUS	INDIANAPOLIS	NASHVILLE	SALT LAKE CITY
AUSTIN	CONCORD	JACKSON	OKLAHOMA CITY	SANTA FE
BATON ROUGE	DENVER	JEFFERSON CITY	OLYMPIA	SPRINGFIELD
BISMARCK	DES MOINES	JUNEAU	PHOENIX	ST PAUL
BOISE	DOVER	LANSING	PIERRE	TALLAHASSEE
BOSTON	FRANKFURT	LINCOLN	PROVIDENCE	TOPEKA
CARSON CITY	HARRISBURG	LITTLE ROCK	RALEIGH	TRENTON

Solution on page 133

SIX-LETTER SEÑORITA'S

You're looking for six-letter words made from the eight most-common letters in the English language. You know, the ones people usually guess first in Wheel of Fortune... For bonus points: What's the ninth most-common letter? It's used as nearly as frequently as the eighth; so much so that some lists put it eighth...

```
N A T S R N S T O T S E S A T R T E A I E
O T T E R S E N O T E T N T R N R R N E I
A N A O A E T T O S N A A I A E R O T N E
E N T R E E A E T I S N O T I S O R S T N
T T O A T S T R T I N R I R O S S I E I N
T T N T N A O S T T R O E O E O A E R R A
N E E O A O N R S R N E E S T T S N E E I
E S S R S E I E O I R O T A T E S T N E N
R T E T E I S N R T E T O I A A E A E A R
R R E R A I E A T R T A R O N O S R O T E
A E N R R T T R R R I E E O S N T O S O T
T S R I R I E A O E T E N N I S R O N O N
A S E T O O N S A T O R S O S T N E T N I
S R E S A T R T O I R N S R R A I N N I O
I T A A I R T R N N E E E A I S T O A S I
I I T O N E R I S A A R S N T E I S R I T
R E T R N R T R E E T T S E O O T S E A S
I O A T A A A O E A E R A T E N T T T R I
S E N A T E S S A R S O E A A R T A T A S
N E T S E N R O A N S A R E T O O E A E N
I R E S I S E N A R E A T N I N N I T N I
```

AERATE
ANOINT
AORTAS
ASSESS
ATONES
ATTIRE
EERIER
ENTIRE
ENTREE
ERRANT
ERRATA
ESTATE
INNATE
INSANE
INSIST
INTENT
INTERN
IRISES
NATION
NEARER
NEATEN
NOOSES
NOSIER
NOTATE
ONIONS
ONSITE
ORATOR
ORIENT
ORNATE
OTTERS
RAISIN
RASTER
RATIOS
RETINA
ROTATE
ROTTEN
SASSES
SENATE
SERENE
SONATA
STATIN
STRESS
TARTAN
TASERS
TATTER
TENNIS
TERROR
TORSOS

Solution on page 133

THE 88 MODERN CONSTELLATIONS

If you ever have the opportunity to go to a very dark place, far from civilization's lights, you will be treated to a beautiful view of the night sky – one where you can actually find these constellations. For now, just find them in the grid.

ANDROMEDA
ANTLIA
APUS
AQUARIUS
AQUILA
ARA
ARIES
AURIGA
BOÖTES
CAELUM
CAMELOPARDALIS
CANCER
CANES VENATICI
CANIS MAJOR
CANIS MINOR
CAPRICORNUS
CARINA
CASSIOPEIA
CENTAURUS
CEPHEUS
CETUS
CHAMAELEON
CIRCINUS
COLUMBA
COMA BERENICES
CORONA AUSTRALIS
CORONA BOREALIS
CORVUS
CRATER
CRUX
CYGNUS
DELPHINUS
DORADO
DRACO
EQUULEUS

ERIDANUS
FORNAX
GEMINI
GRUS
HERCULES
HOROLOGIUM
HYDRA
HYDRUS
INDUS
LACERTA
LEO
LEO MINOR
LEPUS
LIBRA
LUPUS
LYNX
LYRA
MENSA
MICROSCOPIUM
MONOCEROS
MUSCA
NORMA
OCTANS
OPHIUCHUS
ORION
PAVO
PEGASUS
PERSEUS
PHOENIX
PICTOR
PISCES
PISCIS AUSTRINUS
PUPPIS
PYXIS
RETICULUM

SAGITTA
SAGITTARIUS
SCORPIUS
SCULPTOR
SCUTUM
SERPENS
SEXTANS
TAURUS
TELESCOPIUM
TRIANGULUM
TRIANGULUM AUSTRALE
TUCANA
URSA MAJOR
URSA MINOR
VELA
VIRGO
VOLANS
VULPECULA

If you circle all of the Z's hidden in the grid and connect the dots, you can make one of the most well-known constellations. Do you recognize it, and do you know it by its name in the list above?

THE 88 MODERN CONSTELLATIONS

L O L B T J R N I P N D S I Q U F C P U I T S N A T C O S C
H C L A O A P A L L M U T U C S V B C C D J F A R B X C U C
L S O U U D X P O R E I O C S P M I C R O S C O P I U M R V
D U L M E N S A O O G L Y U B E U G G P H O E N I X R E U S
C N O A A A X O R N L C T F P G O P H I U C H U S E S T A N
A G A R D B Q S L I D E G C H A M A E L E O N C C P A E T C
M Y I Y L M E U A M C J A M C S O U L S A T A M I S M C N A
E C C L S E Y R Q S C S B A Z U Y I E Q I N B U S U A E E S
L A O A N N P N E I C O P E P S G L U S I O T I A N J E C S
O C R Z C O A U U N A R D Y H B U A S S Ö C B G U I O T E I
P S V O A S I L S A I E U D E C R G M T C V R O S H R V I O
A V U X E C U R O C L C O R R I Q A E M I Q O L T P H I C P
R Q S Q L U U M O V A O E E U F J S S A I R N O R L H R I E
D J B I U H I R T R S N H S Z O J B U D R R I R I E I G T I
A R S S M Z N O R M A O R T R R C I R O E Z M O N D R O A A
L C A T U U J A B H J M E S Q N P S G V C C O H U S H P N M
I E X C S D V Q F J A B T E E A O N I M N B E A S I O Y E M
S I C Y O H M A B G H F I R X X E P S U A A L P P L P H V C
U S I R Y X I D I A E E C P I N T C P I C T O R H A J X S X
G A A R P A S R V J J R U E S A Y A I E D R X Y A E Z S E O
S D H C N F U P Y X I S L N I I N L N M I C U X J R U A N T
O A Y R J A I E A E I B U S Q P C G R S S R R E R O I S A E
A I D R H S R A O F V I M I S U E L U U Q E C P R B C U C L
C O R O N A A U S T R A L I S S P P N L I A N I R A C O A E
M S U T A Q T C L Q R I J S U E U I N D U S P G U N V C A S
A U S P C S T A B X Q R I P R L C R I N I M E G I O E B Z C
I R L L N L I B R A A I A S P R R A S H S S A R S R J J A O
P E R U P E G B I L R R E A I L S N A A E U A U T O O R L P
U T Q C G I A A H A A U V C A O S T T Q M C N A S C R C U I
P A O S J N S Y S A S O U E S H T L S A O I D A S T J N C U
A R C C H C A C L O Q X A E O I A I T L N B N C D B R E E M
S C A E R B Q I E B C E I Y G O O A U S C A D O L I O A P A
S C O R P I U S R S S R F A I I C M U R S Y C M R L R E L O
U O S V I Q F B N T A E S I A I B S J S I P P U P E U E U E
R R A P A N D R O M E D A O T A U R U S C B U Y T O V S V I

Solution on page 133

LEARNING YOUR A-B-C-D-E-F'S

You're looking for all of the five-or-more-letter words that you can make from the first six letters of the alphabet.

F B D D B D E D E B F C D C B
E B E A E B B A E C C E F E A
B D A B B D B A A D F D A C A
E E E E C D A B C A A E B C D
D C D F A B F E C A E F E B E
A A E B F B B E B D D E D D F
E F B E D A E A D D B E A E A
A E D E E F C D D E D B C C C
D E C E D E E E E D D D A A E
F A F E F D C D C C B E F F D
A A A E C A E A B D C A C E E
F E C E F C D D B E C A E C E
A E D F E B B B D B F D C C A
D E E F E D A C E D E F B C C
D C C F C D B B D D F D C D B

ACCEDE
ACCEDED
ADDED
BAAED
BEADED
BEDDED
BEEFED
CABBED
CEDED
DABBED
DECADE
DECAF
DEEDED
DEFACE
DEFACED
EBBED
EFFACE
EFFACED
FACADE
FACED
FADED

Solution on page 134

THE NFL TEAMS

In February 2018, the Eagles beat the Patriots to win their first Super Bowl ever. As of 2018, twelve of the thirty-two teams below have still never won a Super Bowl; see if you can identify each of the twelve by placing a star after their names.

```
B O W H J S L F N E J D D M Y O T S L J R S V I W
O Q K Y T I X X S T U S Z N O G V B X Z L I D S G
K T J E O R T W R A D W P G F R N N B K O Y S B L
O A J N H R N R E W T M R I O B S B Q B H O N W P
Z A S B I L L S 9 G H K C A H F H R R B H B A U S
X S H Q U A A D 4 G S P V N D I V O A C X P T N B
V R Y J C D J S O V P E P T X Q W R R U Q F I W S
U E W H F H R X R L Z A A S V N R A O C G K T F Q
E E N B I A B A U N P M E H S N Q I C S S A E O K
V N S C E B Y X B A U H E R A Q C D R D C I J H N
O A S B P T G S Z P M O I C I W Z E E F H O K G N
X C R J B H B O A P G R O N R C K R N C W O L K T
K C E I F A L C O N S N V Q S C E S Q Z Y Q R T H
C U H W E Q Q N Y S D N O L A S R E G R A H C T S
S B T B U Z L O B B G D S P V C B V K N C F C S O
R L N Y H Z R R Z Z J N O A A K X T B D Y X U V W
M D A J K N L B P Y L H I R T N N Y N H A L B B D
Z H P G G X X C B E C N D K R S N E V A R N R E U
X W H U N H R X T R I I C C I Z F S A I N T S C C
A P U V T E X A N S N V I B Y V S E L G A E U O B
B Q H Z D Q B P B A H S M A R Y O S Z Q U B I W G
F W V J Z P A K L E U S R E L E E T S V G T L B D
K W X H G B Q S N S C M A U P A T R I O T S A O T
Y H J V F Q F U X M I I V Q A W E P I T M R G Y M
Q L L P D F R T L I D Z Z H U B X M V G U N D S N
```

49ERS	CHARGERS	JAGUARS	RAVENS
BEARS	CHIEFS	JETS	REDSKINS
BENGALS	COLTS	LIONS	SAINTS
BILLS	COWBOYS	PACKERS	SEAHAWKS
BRONCOS	DOLPHINS	PANTHERS	STEELERS
BROWNS	EAGLES	PATRIOTS	TEXANS
BUCCANEERS	FALCONS	RAIDERS	TITANS
CARDINALS	GIANTS	RAMS	VIKINGS

Solution on page 134

PARROTED PAINTERS' PERTNESS

In the grid below, you're looking for PARROTED, PAINTERS, PERTNESS, and all of their anagrams. If you aren't familiar with what an anagram is, it's a word made from the same letters of another word, but rearranged. For example: EAT, TEA, and ATE are all anagrams of one another. Remember this, because you'll be needing to figure more of them out in the next three puzzles.

E N P S A R D A P N R R A R P
T P E P N E O N P T R A T E R
I E D N A R E E E E E P E E R
P A N T R I E S R E S O T P D
R T R T O D N N T E P D N R E
T E S R P P R T N E S N N S T
R A P E E E R O E R P S D P O
E R R A E N R S S R P T N R R
E D N S I A T T S E S S P O R
P R R S T N E P R E S N E R A
N O R T E E T T S P P E E A P
R P I S T E A S E P I S P T R
P E E S N I A T R E P O I E E
T R O T A D E R P E P T R D R
P R E P A P D A S E T N N A A

PARROTED	PAINTERS	PERTNESS
________	________	________
________	________	________
________	________	

Solution on page 134

CASTER PEARS

Similarly to the last puzzle, you're looking for CASTER, PEARS, and all of their anagrams.

S E T S R E T S A T T S A R C
S C A R S S T C R S S R A E S
P E A R S C E R C R R A P E S
A T E R E C T T T P P A R S E
C R R E A A C A P E R A S R S
S A A A R P C R A R P R S R R
S C A E A C R T R T E E E S S
S E T A R C A R S S R T A C T
S S R S S E S A T S C S A C E
S A C P T T P S E T S A C E R
T E A A E A R C R T R C A A A
S E S R E S E E A E A C E S C
R R T E E A E C E S T R R R A
S A A P A A R T P A P A A A E
S S E C E A P A S P C R C R A

CASTER	PEARS
______	_____
______	_____
______	_____
______	_____
______	_____
______	_____

Solution on page 134

RETESTS PRIESTS' PARLEYS

And here you're looking for RETESTS, PRIESTS, PARLEYS, and all of their anagrams.

```
R R S E R R T R A E S E P A T
T E R R P R T S S E S R A S P
L Y T E S R E T T E P T R P S
E S P R I Y E P P R S S T P P
S E T I R P S R L I L S S A S
Y S S E P I R T S A S R S R T
E P T I E P S R R S Y P T S E
L R S E S R E T T E S S S L R
R I E S S P T S E E T S E E S
A E Y E R T E S E S S S I Y E
P S T L E T E P R T S R R R S
S T S E E T S R E Y A L P L T
S P A R E L Y A S P P T T T Y
R S S A P P E I E I L E S S Y
E E R S L S T R T S E R P R Y
```

RETESTS	PRIESTS	PARLEYS
_ _ _ _ _ _ _	_ _ _ _ _ _ _	_ _ _ _ _ _ _
_ _ _ _ _ _ _	_ _ _ _ _ _ _	_ _ _ _ _ _ _
_ _ _ _ _ _ _	_ _ _ _ _ _ _	_ _ _ _ _ _ _
_ _ _ _ _ _ _	_ _ _ _ _ _ _	_ _ _ _ _ _ _

Solution on page 135

TANGLIER

We end this series on a simple note: finding TANGLIER and all of its anagrams.

```
L I G G A E A G N I T A L E R
G T I R A G E G I I R R G T A
G I E L I A I A L I E G G N L
R L A L R T G N G T R N G L T
E L L A A E A N T N I I T L I
L L A R G E T N I R T I E I T
G T L L T T I N E L E E E G A
T L I A L G G T R N T R T I L
R E G A A I L R R I L T I R I
T G L L R A R A G L A E A L L
T R R E I G A L E R T I N G A
N E G E I N I A G R T N A N E
L N L A T R I A N G L E L R N
I A I R R E I L G N A T E T G
T N G G L L R N N R L E N T E
```

TANGLIER

____

____

____

____

____

Solution on page 135

WORDS OF ART

Edward Hopper once said: "If I could say it in words, there would be no reason to paint." Well, in this case there's no painting, so we're settling for the words. Find the art terms below, and see if you notice something about the rows of the grid.

```
E L E I O M S I B U C N N C E
O T O N E E U R C S N M P O A
F I S A A L R I U T E T Q R N
N R R D A D A H O N O P E G S
O R U U I R E L Y T S P S T I
N K S A R E P I O T M S N U L
A R B I E R S C T E A S N M I
C O T S I N O O T R A C S V R
P S D H O C R A Y O N S H I I
S I I T O A R T F U L N E S S
M U T R A A N S I I I H A M N
S C I D D N A H E E R F S N I
S C O R I N G T C E I I E E T
U G C O H B P A I N T E R L Y
L E R V U E O S Z N O E S A S
```

ARTFULNESS	OEUVRE
CANON	PAINTERLY
CARTOONIST	ROCOCO
CRAYONS	SCORING
CUBISM	STYLE
DADA	TEMPERA
FREEHAND	TONE

Solution on page 135

CERTAIN CONSTITUENTS

We're getting a little scientific here. The words you're looking for may seem somewhat familiar. If you're a doctor, I hope they look very familiar. Do you know what they all are? And do you know what they collectively make up?

```
R S W V I D R P G W L K M U J E O E C
D P P A R I E T A L W A Q W V L C C K
Q H B P H I I V O M E R T N S N A O V
J E A L L I X A M L L B R N W H V L S
Q N A S A L Q H O A V Q D X O W A U O
J O M K Q K E C U C X S T O D R E G N
V I K P I Y C E R R F Q I P O L F M K
T D Y O O I Y Z T I D E G P L C H B D
U I T L P L G Y Q M H X M A V Q H Z G
G W W I P Y D G I A H E M G E F H T E
P J T L E S V O G L T P U S K S O N J
L A T Y E N C M I W S X E L R A Q T W
L S H K T Z I A R I A T S Y K L I S N
N W V Y H Z Z T J V S M W M A C N C B
R S O N M N F I A S T A P E S J C B L
X K A Q O H Y C D L K H Y V N D U W N
M A N D I B L E M O A H B A E F S C P
B M X I D T V D J A B P T X F L T A B
A H C N O C L A S A N R O I R E F N I
```

ETHMOID
FRONTAL
INCUS
INFERIOR NASAL CONCHA
LACRIMAL
MALLEUS
MANDIBLE
MAXILLAE
NASAL
OCCIPITAL
PALATINE
PARIETAL
SPHENOID
STAPES
TEMPORAL
VOMER
ZYGOMATIC

Solution on page 135

WOODSY

You're looking for fourteen different types of wood. Can you figure out what these types of wood all have in common? Let's see if you can't see the forest for the trees, or the trees for the forest, or the forest *from* the trees, whatever that saying is...

```
P D A N N P A A I A B R P R A
L C F A R Y O B A M B O O G B
K A P C S R M N R H A R S A H
W A R Y D O G A O O W P A R R
A H E A A K M T H O A D L I A
L B C T I C W Y I O O I F E U
N M A R W I R R R A G S P T H
U D L H I H O A L R A A N C I
T A M T E B S A R L E C N R B
C K K F P A E B G F E H L Y O
C E N I P I W U R O R B C M N
W O E B L R O C T S U T P Y L
D H I U G D O G D Y W O F H B
D O D R U W D R G P U R I S B
T G A O M C U R I U F E O A K
```

ASH	MAHOGANY
BAMBOO	MAPLE
BIRCH	OAK
CHERRY	PINE
DOUGLAS FIR	ROSEWOOD
HICKORY	TEAK
LYPTUS	WALNUT

Solution on page 136

COMMONLY _______________ WORDS

This is a list of thirty interesting words, and one very interesting guy. They're all so different, but they all have something in common. Can you figure out what that is and correctly fill in the title of this puzzle?

```
V A P R O N U N C I A T I O N U F E B
R B A L A G E I M E E S P R E S S O C
B P O G E M S Z H A F M H A Y H E A H
W A F D I A R A E L C U N C E E C W I
E S T G F R C P R E Y O F H L R H E M
D A E V I D N E O M R E I R B B U L E
N R N P O I R L O R A E S E A E T O R
N O I E A N Y I I N U T A H C T Z B A
U M L I A B L E U F R A W T I O P R C
I H I A N U O R Y G B Z R I L I A E S
F F R S I O I A C A E U U E P I H P S
S B R H C Z L D Y E F F N E P P M Y U
T U E A I H F H H R A T E L A V S H E
A I A R C T I C T R A N S I E N T Y S
T C E E T I A E E A G R F L O W R L R
U A M N I C H E V V I D B A A A V F D
S P R E L U D E M O H R V I I W I A R
R A I M T D U Y U I U D T S L G L U A
N Z W P A O E U I S W S I T W V A D G
```

ACAI
APPLICABLE
ARCTIC
CACHE
CHIMERA
CHUTZPAH
DR. SEUSS
EITHER
ENDIVE
ESPRESSO
FEBRUARY
FOYER
GALA
GIF
GYRO
HYPERBOLE
LIABLE
LIBRARY
MISCHIEVOUS
NICHE
NUCLEAR
OFTEN
PRELUDE
PRONUNCIATION
REGIME
SHERBET
STATUS
TRANSIENT
TRIATHLON
VALET
WOLF

Solution on page 136

WORD-OF-THE-YEAR'S

These fifteen words were each chosen as Merriam Webster's "Word of the Year" from 2003 through 2017. For bonus points: Define each word! And for very difficult bonus-bonus points: Can you identify which word goes with what year?

E G S S E M B L S M G T O U N M D
A C A I S H P T M G A B M I E W B
O G Y T I R E T S U A P D N A N R
Y U G O L B R T U S D E R T A R I
H T T I D H I T O E M P S L P C I
T I I A F O A C T O L L C O T F R
M H C R I I I S C I A R I A R A S
T P W S G A A R C E C G E G U I S
W C M M L E A I R L R I N O T B S
I P E I A C T R L C H T C A H U P
A A S U Y A U N U S U A E R I S T
A M I O M S O L I O E E R W N A G
T I A G M R T N L M A N 0 I E D O
I C A I T U O I S H N 0 R O S U I
W R G P R M A E A D T N G B S U O
P G W E D B F E M I N I S M A R A
F F A A I R E L E G D M P S L A S

ADMONISH
AUSTERITY
BAILOUT
BLOG
CULTURE

DEMOCRACY
FEMINISM
INTEGRITY
-ISM
PRAGMATIC

SCIENCE
SOCIALISM
SURREAL
TRUTHINESS
W00T

Solution on page 136

GO FOR IT

Can you find all four "Connect Four"s in the grid below? For bonus points: In what decade was Connect Four first released? For bonus-bonus points: In what year? For bonus-bonus-bonus points: In what month?!

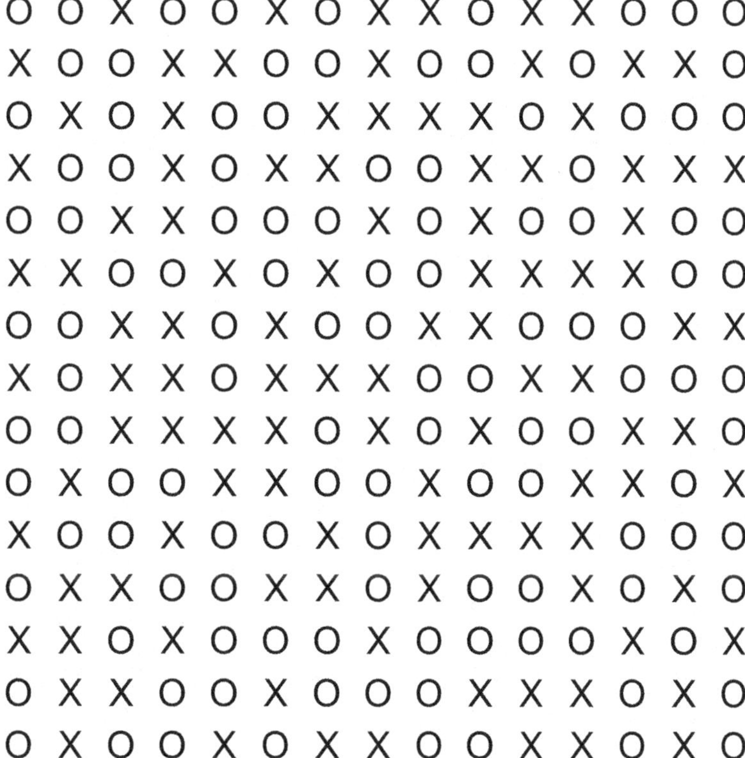

OOOO

OOOO

OOOO

OOOO

Solution on page 136

WAIT, WHAT DO YOU MEAN?

These twenty-two words have a very interesting characteristic in common. Can you figure out what it is, and do you know the word used to describe words like these?

```
W R K E M E U E L L I H N W O D T
O W W S B E F P I O R S L E R T T
F I S O F O S C A S I E W D I S S
W K U A I V I T U C F I P K E I U
T N S T O E T O T K I S E M S E D
D T N I M R E N T C U D C A E W Y
Y L T N E S E R P U I I N E E T T
S I E S U I C O N S U L T A E D M
O C C A W G I I O T S N T I H E S
E A N F C H D W R O N H R S T H K
N N U C L T E S E M E A O G L S A
I E E S E W I E S R V F A L O I E
K E I S A N C T I O N R U K B N I
F R S N V E F E G T N N E K E I D
N I K S E E U F N I R U O R M F F
A F O R A U O S S R E L K C U B F
S M E F T N U H M C E F E C L W I
```

BOLT
BOUND
BUCKLE
CLEAVE
CONSULT
CUSTOM
DOWNHILL
DUST
FAST
FINISHED
GARNISH
HANDICAP
NAUSEOUS
OVERSIGHT
PRESENTLY
RESIGN
SANCTION
SCAN
SKIN
TEMPER
VARIETY
WEATHER

Solution on page 137

HAND UP

You might not have a hard time finding the words in the grid, but you'll definitely have a very hard time figuring out the other elements to this puzzle: it's the most difficult one in the entire book. The length of the words you're looking for is a hint, and the title of the puzzle is an even subtler hint... If you can figure this out, you should be working for the NSA.

BRED
CALL
CUES
DEED
EMUS
EYES
HERS
RIFT
SERB
TEED
TEES

```
B R E S H S E U T D E
Y R R Z E T P P R U S
R S E E T U E D B R E
O T U D C M C W E E B
R E K A D E B H Y E P
H U L R C D H K Y E D
T L R D B R C E M U S
E I R M U R S E B H Y
E R I F T V Y E T U E
D B R E M C Z Y E T P
E B H Y E O B M H C E
E I H G R E T U R E V
B T E B M Y E M E C R
I H Y B E P T C E O T
U J R C Y M D H T U S
```

Solution on page 137

BUILT TOUGH

You're looking for the following Ford automobiles. You may not recognize all of the names, because some of them are vehicles not sold in the United States. Google them if you ever doubted that beauty is in the eye of the beholder.

```
Y D X L R U A D F E E R T I S N A R T
I T N A P O F L D A D P F D F C U I F
K S U C O F E U K O G U D Y L G M X A
S R D D D X T K S S E S O S U R U A T
I D F S R S I S M I K R Y D I C M E X
K U G A A E U A L M O E R B X Y L O A
O C O E L N P R P T A N A U M X R E M
Y S R E M L S U O P C G A L D A N T S
D M E A X P G R S S Y X D O F L E R F
Y C F T R D M D P L R S S L I A E O I
O C S E K O S X O E G I F A E G X P E
T L A L S F T D G F R F R E S L P S X
O M M L K O L N I K X P D T T U E O P
E L P I D S A M U O P K P P A U D C L
D F E S E R I E S 0 5 1 F E F L I E O
N E K K M S I T R M D O D P R D T D R
O G S O S I P E A G N A T S U M I M E
M S E G L X D A S F O F C E S L O T R
R Y C R T N E A L U U M S S X R N F K
```

C-MAX
E-SERIES
ECOSPORT
EDGE
EXPEDITION
EXPLORER
F-150
FIESTA

FLEX
FOCUS
FUSION
GALAXY
GT
KA
KUGA
MONDEO

MUSTANG
RANGER
S-MAX
SUPERDUTY
TAURUS
TRANSIT

Solution on page 137

THE ODDS

You're looking for all eight of the four-or-more-letter words that can be made using any number of the letters D, E, F, and I. The word list is in alphabetical order.

D F I I I I D F E E F E E
E D F F E D F D I I D F D
D I D D F F I I I D E D I
I E D F F F I D I E I F E
F F D I I D D I E E F I I
F I D E D E D I D E I E I
I E D F D I F I F D E D D
E D F I D F I E I I D E D
D D I D I E I I I I I E D
F I E F D D I D D I D F F
E F I I D D I E F F F F I
D E D E E D E E E F I E D
E D D I F D D E I D D E D

_ _ _ _   _ _ _ _

_ _ _ _ _ _   _ _ _ _ _ _

_ _ _ _ _ _   _ _ _ _ _ _ _

_ _ _ _ _ _ _   _ _ _ _

Solution on page 137

HAPPY

You may notice that these words look strangely familiar. After finding them all in the grid, can you identify what it is about them that is so familiar? The title of this puzzle is a hint.

```
R R F E N U U I N E L M T
I C T R T L I O M R U T I
R E N U O C I D W C E L K
S I I T E S F S O S S C R
I S F S U E I I A R D T A
I C E F K L W S N M R W M
R E A L I E A F N F W O R
D C I C E A L W I U I U E
W N A E N M R E E O O W T
E L A E N O I K T N I E A
N D E K C U M T I O S N W
U F S R F D D C I O N S T
D I A D L I S O D T I F S
```

MUCKED
TURMOIL
WATERMARK
TIMELESS
FUSION
SKELETON
SILICA

Solution on page 138

__________ SYNONYMS!

The thirty words below are all synonyms of a certain word. Can you figure out what is it and correctly fill in the title above?

```
O N A R P N I L R E L L O R M A E T S
C O M M A N D I N G H R S T R O N G V
V I G O R O U S T A M L V V E D I A R
G N I C N I V N O C V B T P U N C H Y
V E H E M E N T D O L E L E C T R I C
V U D B A N I G N I L L E P M O C I N
E L E M E N T A L L L G E F A R Y A P
D E T O I R W Y I Y F S G T H G A O U
R V N N I H P N T V I O L E N T W R G
H I T M N R G H Y W G R R I N E N V U
R S E N E R G E T I C N N C R N D I T
P A I V E I D E L T H I F H I D R E S
T U L L E G I Y N F A G O M O B L V Y
N S I W L M N E N R E U R M S I L Y U
E R B S I U G I T A S V I W R D N E D
T E I G S O B S R E M N V I P I T H Y
O P H N C A N O D T A I V V V G W U N
P T H C W O N I C N S S C V R V W M R
Y F E R C Y H T T P D T I T A N I C N
```

BULLISH
COGENT
COMMANDING
COMPELLING
CONSTRAINING
CONVINCING
DOMINANT
DYNAMIC
ELECTRIC
ELEMENTAL
ENERGETIC
FORCIBLE
GUTSY
MIGHTY
PERSUASIVE
PITHY
POTENT
POWERHOUSE
PUISSANT
PUNCHY
STEAMROLLER
STRINGENT
STRONG
TELLING
TITANIC
VEHEMENT
VIGOROUS
VIOLENT
VIRILE
WEIGHTY

Solution on page 138

DON'T I KNOW YOU FROM SOMEWHERE?

Find all of the famous animals below in the grid! For bonus points: Can you identify the first movie, television show, book, or video game that they each appeared in?

I T S E E O S B A C K E O I P I J B J
L N G L H I F P O N N N C N J U F U C
M E O S E B B N U O H R L U D N I U U
R V I L O O K C B Y D B A I U T E M R
M O S I D E K H O E A D F O N B V B I
F H E A R L S C R R C T O E S E E I O
E T C T E I I M J W E D U L T S L O U
O E R S W N I U R M E P U C O I S E S
M E E K O E B E O R C P P B N A I N G
S B T S Y C A C Y J Y B O I R N I I E
E E A E S C L B R N A V E N L I C T O
A A R E B O T U V N O R T S A F A N R
B J I I Y A O S C L E T P W A I L I G
I B A S B E B L F R E E W I L L Y T E
S B T S I I T M I R A N H F E L Y N I
C S E A R L O I W I N S T S B O T I J
U F S L B B V N R R N O H N C O A R K
I B L A C K B E A U T Y F I T E K K E
T O P E Y E J M R I S L F O E W Y T E

AIR BUD	CONKER	FLIPPER	SECRETARIAT
ASTRO	CRASH	FREE WILLY	SILVER
BABE	CURIOUS GEORGE	KNUCKLES	SONIC
BALTO	DUNSTON	LASSIE	TAILS
BEETHOVEN	ECCO	MEEKO	TOTO
BENJI	EPONA	MR. ED	WISHBONE
BLACK BEAUTY	FALCO	RIN TIN TIN	
COMET	FIEVEL	SEABISCUIT	

Solution on page 138

IT'S ALIVE!

There's only one VIVA in this grid, can you find it? Actually, there's two, but one is much easier to find than the other.

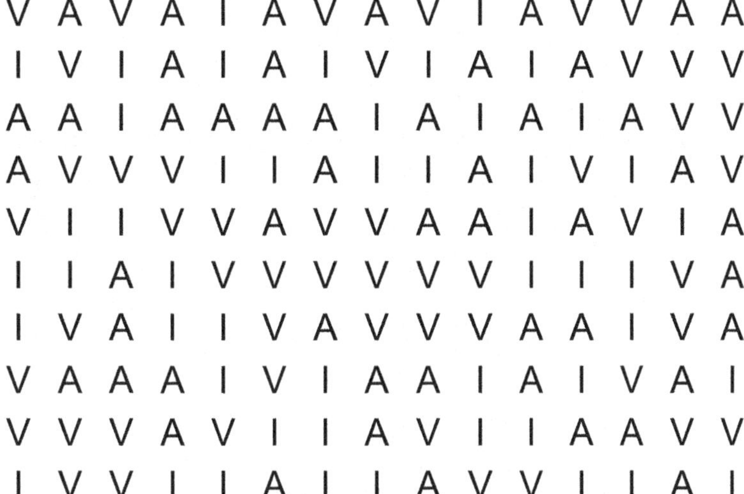

V A V A I A V A V I A V V A A

I V I A I A I V I A I A V V V

A A I A A A A I A I A I A V V

A V V V I I A I I A I V I A V

V I I V V A V V A A I A V I A

I I A I V V V V V V I I I V A

I V A I I V A V V V A A I V A

V A A A I V I A A I A I V A I

V V V A V I I A V I I A A V V

I V V I I A I I A V V I I A I

VIVA

Solution on page 138

PANGEA

We've all heard of Ancient Egypt and Ancient Greece, but sometimes we forget that the places of the world haven't always been what they are today. The names you're looking for in the grid are past names of current countries. Once you find them all, see how many of the current countries' names you can fill in the spaces!

```
S V O V L C W N R Y U S E P B P S U O E I W R H B
A B M K P T E T O R U L O L I N V L M H H D I I V
Z E I I A T S D C L B Y H I S A A L G Z M M E O L
R C W E K M O C T T M U Y W P E H C G H A S H A H
B H U T M I P L O K C B K U V I D D O A K L E I W
Z U N O R H A U M A T T P T L V C I L K V K C S A
V A I W E E P I C I A P I I H I G M R A A E I S S
A N G I W U A P I H E C V I R U A S S B A U S U K
E A M L U A I N R R E A N N Y A O E U I E K O R R
N L L Z B I D G V E C A D B S A H T I I S H L O I
I A S E S W S O C Y R Y A W A M O S A D D C W L A
E N A M E I L D T H D V D R A I T A I R A E H E G
H D H S L T A D N O A S C N H S V I P G I H S Y N
A D N C A P I N M A H C E G A O G A L O N H Y B B
I O C I Z O N A E L L A L O I L D T D M A A W L V
Z R D N A L I L A M O S C A U K O E G L C R B S T
I O Z P K B S A S O P D I T S P I T S P O T D U I
H N A R A E S S G C L A Y E M O T S U I E M N E W
G R D I L B Y A T O Y A I E C P T T Y S A K A L Z
R U M U S H B Y G A U E M K M I T O B I A A L A C
I D K B R R A N Z L R Y A R E O L V S O N B O H E
K S G L W L E V A C D D G E U R H L V V Z S G L Y
D I P Y U I W P I K E D K L E B U A E A M A O G L
L S L N I A R L R I L O U G O L R P D L S U T C O
S D V A B T T G E I V O R Y C O A S T U H R P S N
```

ABYSSINIA = _________

BASUTOLAND = _______

BECHUANALAND = _________

BURMA = _______

BYELORUSSIA = _______

CEYLON = ___ _____

DAHOMEY = _____

ELLICE ISLANDS = ______

GOLD COAST = _____

IVORY COAST = ____ _'______

KAMPUCHEA = ________

KIRGHIZIA = __________

MOLDAVIA = _______

NEW HEBRIDES – _______

NYASALAND = ______

PERSIA = ____

RHODESIA = ________

SIAM = ________

SOMALILAND = _______

TOGOLAND = ____

UBANGI-SHARI = _______ _______ ________

UPPER VOLTA = _______ ____

ZAIRE = __________ ________ __ ___ _____

Solution on page 139

FOUR RANDOM FOUR-LETTER WORDS

And now for another break from the regular programming: Four small random word searches each with four small words.

EASY
RIDE
WING
WRAP

R	G	N	I	W	B	E	B	D
C	B	C	A	M	A	B	C	D
I	P	W	W	A	O	P	T	M
F	Q	O	R	E	Q	B	T	D
W	V	R	A	M	L	I	X	B
F	Y	Y	P	O	A	Z	I	Z
E	S	P	J	M	P	I	I	W
Q	A	T	E	D	I	R	F	T
S	E	X	Q	B	Y	Z	E	Z

G	L	L	A	H	J	F	I	X
D	U	Y	E	I	G	L	N	C
N	H	D	P	L	E	H	M	U
V	T	E	L	K	V	V	L	Q
J	B	W	R	U	C	D	W	G
F	C	G	Q	K	M	A	S	Q
Q	X	P	U	F	R	P	L	C
C	S	P	R	V	P	Z	Q	Z
J	I	W	T	F	K	M	F	Q

HALL
HELP
LACK
LUMP

Solution on page 139

FOUR RANDOM FOUR-LETTER WORDS

V Z F X E R Q T J
V X B R P J I R R
L Y R J C T H N L
E P M O H E Z K L
N W O O G J R U A
I R J G K X L I F
I F U H I R K Q W
V K X B C R O M O
X R U Z I R C F D

BURN
FALL
FORK
WIRE

CUTE
FILM
SHOW
WIFE

F K R M C J S M B
Z A I U L E F I W
Z F Q F T I G F V
X Z E E L X F J R
X S T I Y X P C B
G U H Z I H J G X
C I P O V W V K X
X E W Q W W X A P
C T T B H K D G F

Solution on page 139

COMMONLY ___________ WORDS

The following words all share something in common, which is annoying to some people. Once you recognize it you will be able to fill in the title of this puzzle, but will you be able to right all of the wrongs?

```
L U E L B A T C U D E D S G N T Y S S N M
N U N O E Y S Y E C N E T S I X E F E O E
R N F Y A S M P C P R E F E R R E D H D M
M N R E A T S U V N P A H C H A S H Y E L
S F O R T Z Y R I R A N A E A Y A I E G Y
Y U R V T A P P E N E D N A Y L P T D G Y
H A P R P H R R U R E L N M R C E S E A L
H Z Z R A G O G A A A L A E A Z P N V M T
C I M R I G B F C S P I L S T C N N D R N
G X O S A S E H S R R N Z I E R A E L A A
B A T T C E E O A E I E I E M H A S E I R
H N I W Z I L D F L V E M G E A C B H I A
E V V M V O E T E Z E S A E C O I Z F L P
E I Z E C R O T E S L R Y C N R W M T U P
S X R I R M T C A W E O R C R A M E B T A
V O E U O Z E A A T G F E A R V A G H G I
P I C R R E W E E S E N C X Z D E E V G C
D C R A A E Y N E N S U U M N I I L P R D
O O W F I E C L E U X I N H E F B E E A Y
W C U R B A M S S E N O O I H H E T D O S
G M D P E R S E R V E R E N C E R V B T P
```

ACHEIVE
APPARANTLY
ARMAGGEDON
BIZARRE
CALENDAR
CARRIBEAN
CEMETARY
COLOSSAL
CONCENSUS
DEDUCTABLE
EXISTENCE
FARENHEIT
GIST
GRATEFUL
HARRASS
MILLENIUM
OCASSION
OCCURRED
PERSERVERENCE
PHAROAH
PREFERRED
PREROGATIVE
PRIVELEGE
SIEGE
SUPRISE
TENDANCY
THEIF
TOMORROW
UNFORSEEN
WEIRD

Solution on page 139

IT'S PRONOUNCED "CROISSANT"...

This is a list of French words that are commonly used in English. Find them all in the grid on the next page, and put a check mark next to all of the words whose definitions you know!

ACCESSIBLE
AUDIBLE
BALLET
BLASE
BOUQUET
BOURGEOIS
BOUTIQUE
BRUNETTE
BUREAU
CACHE
CAFE
CHAUFFEUR
CHIC
CLICHE
CLIQUE
CONCIERGE
COUP
COUTURE
CRITIQUE
DEBACLE
DECOR
DECOUPAGE
DEPOT
DERRIERE
DOSSIER
ECLAIR
ENTREPRENEUR
FACADE
FAUX
FIANCE
FLAMBE
GAFFE
GAUCHE
GENRE
IMPASSE
LIAISON
MALAISE
MELEE
MENU
MONTAGE
MOTIF
MOUSSE
PASTICHE
PETITE
PICNIC
RECONNAISSANCE
RENAISSANCE
RESERVOIR
RESTAURANT
ROLE
SABOTAGE
SAUTE
SAVANT
SILHOUETTE
SOIREE
SOMMELIER
SOUVENIR
TABLEAU
TELEVISION
TOILETTE
TOUCHE
VENUE
VINAIGRETTE
VOILA
VOYEUR

IT'S PRONOUNCED "CROISSANT"...

L T U A D E E I N D X V S L G Q P I Q I C M L Y C Q R E M I G

A R G M I I C P R L O X T E M B D S S S R B R B O U Q U E T U

E U T O I L E T T E X Q I E T T E U O H L I S M E B Q L E U M

E G D T T F C E G I T L U R E I S S O D O C C R Q L T Q E T E

C T B I X D E E U A E R U B C L E E T F L E E I R M O R T T L

P S E R B A E L R V X T G A T O S D T A I N C C E B X R D C E

C S A C B L F C B U R F T E X E U E G Q A D D C C L I Q U E E

T T S P U G E E O I U T D U G A X P G I L T R T O E R I U G G

C T H T P I R M H R S Y G Y G I Y U S A G I N D N H A C T L V

S I O E G R U O B E G S E S A L B S F A T A R I N C E E V O B

L E N E B D X I O S N G E N R E A D M I V O V P A U M O Y X R

T T L C T V R O P T F T Q C I N I U Q A R A B Y I A O E P E U

P S T C I V Y T F A T P R M C P I U S X N E C A S G U S Y N N

C I E U A P I T U U T T C E V A E T A B L E A U S R S O E O E

P V O X U B T X M R U G I I P R I A L C E E F U A F S I A S T

T F C A T T E R Q A C E E D S R X P M C L V E U N F E R C I T

E V P E U R T D E N R P H E D E E E C I X S G P C A Q E Y A E

M B Y B E E U S A T E O U T R U C N P C O N C I E R G E G I E

E E M U O P U E O E X A T V P N E E E U G X V B R A S E Y L R

G H N A D U E C F M Y Y P Y A C T T V U U C B O D O F S T Q E

O E V E L U B F D F M Y L I U I D E T T R O P M I B I S E E I

V G P A N F A N R E U E F G T V N E I E U V H X A L H A L X R

O O L T S G E H R H H A L E D I R E C T R M R H D L A P E E R

T S H A L M A T P C U U H I R A Q I I O Y G O T U A A M V T E

C Q U N R A O A U A C I H C E A A Q O G U U I N D A V I I U D

E T Y A T O I L U C S E G M H R U N E V T P E A T T I U S T B

E Y R S I R Y R H X H T C S T E C C C H R M A M N A T H I E T

A L E R U T U O C C R F I H A E E E Y E C E L G H I G E O L F

M C D E T R U A I E O Q C C Q E E V F M S U S T E U V E N L T

N S I A F F A L V R E G H C H E O D G T X E O E A E D A C A F

F I T O M U C P E S S L H I T E D L H I T O E T R H T R T B C

Solution on page 140

G-I-J-L-O

You're looking for all fifteen of the three-or-more-letter words that can be made using any number of the letters G, I, J, L, and O. The word list is in alphabetical order.

```
G J O J I J G L I J G L L
I L L O I O J J I O J L L
L L G J G J L I J G O G J
O I J O O J I I I L J J I
L G G I G J J I J J J J I
O I G G L L O G O O G J L
L I G G L I O J J J O J O
I I O J J I J J G O I O I
L G G L O G G J L O I J O
J L I L J L O G O I G J L
J L L L O J G I I J L J G
I O J J J O J I J J O O I
I I J G G J J G L I G I I
```

_ _ _	_ _ _
_ _ _ _	_ _ _
_ _ _ _	_ _ _
_ _ _ _ _	_ _ _ _
_ _ _	_ _ _ _
_ _ _ _ _ _	_ _ _
_ _ _ _ _	_ _ _
_ _ _	

Solution on page 140

GET OUT!

Sometimes one vote makes all the difference. Especially in this puzzle because there's only one VOTE for you to find. For bonus points: Do the T's and V's combined make up a larger percentage of the grid below than the percentage of eligible voters who voted in the 2016 Presidental Election?

O O E T O O T V O T V E V
O O E E V E V V V O V V E
E T V E T E E E O V E O O
E O O E O O O E O V E O O
V V O E E O O V O T O E V
T V E E O E E V E O T E E
O O V T V O T O E E O E T
E O T O V T T T E T O V E
O E V E O E E T T V E V O
E E V V E E O T O V T O O
O O E O E O T E O O V V T
E E V V V T O T E E O O E
V E O E E E O V E O T E V

VOTE

Solution on page 140

NEAR AND DEAR

You're looking for the list of characters below, from one of the most beloved television show of all time. Do you recognize these names? Do you know the show they're from? If so, do you remember who all of these characters are?

A R R I C H A R D E T T E B A B E
N I R X U K D P H Z A R J N C A S
Z I J J R E H P O T S I R H C B A
A R T A A N E H P S J X J E X L B
N H U S C L H R H S A S L A P E I
O A L E I K J A D R I E M H N A O
S E K U L R S M E R S U P Y A R G
A A P R I L T O A R Z L P I I E H
J E L Y O D Y P N R S M Z G R H K
E T L O R E L A I S T C A R B S I
R J A R M E M P L I T Y A N L A R
A E N Y R I H I S C A H A Z Z A K
S S E A L A C O K R R G M E A G G
E S D U E O O H E S O E E M A C K
A B S U R K R A E L R J K I K R H
C T I J I I U L U L Y M P L C E I
J U S E M I S S P A T T Y Y A E Z

APRIL	JASON	MICHEL
ASHER	JESS	MISS PATTY
BABETTE	KIRK	MRS. KIM
BRIAN	LANE	PARIS
CAESAR	LOGAN	RICHARD
CHRISTOPHER	LORELAI	RORY
DEAN	LUKE	SOOKIE
DOYLE	LULU	TAYLOR
EMILY	MARTY	TRISTIN
JACKSON	MAX	ZACH

Solution on page 140

A STRONG WORD

You're looking for HATE and all thirteen of the other four-or-more-letter words that can be made using any number of the letters in that strong, strong word. The word list is in alphabetical order. Is it a coincidence or divine fate that there are an unlucky thirteen other words to find!? Hint: It's a coincidence.

H E T A H E H H T H E
T E H H H H E T T E E
T T E H H H T T T E T
E T T T T A H H E H T
E T A T T H H A E E E
H T E E T T H H T H T
T T A H E T T T H A E
T H A E H T H T E A H
H H H T T T A H H A A
T T T A T E T T H A H
E H T A H E A A A A H

_ _ _ _	_ _ _ _ _
HATE	_ _ _ _ _ _
_ _ _ _	_ _ _ _
_ _ _ _	_ _ _ _
_ _ _ _ _	_ _ _ _
_ _ _ _	_ _ _ _
_ _ _ _	_ _ _ _ _

Solution on page 140

YIKES!

Here you're just looking for twenty-three random words in the grid below. But of course there's an extra little something to the puzzle... See if you notice it and can figure it out! The number of words you're looking for is a hint.

```
G S Y F R X S O X L S D P P F X L D R M Q P B Q M P G H G A B X U
P O S C Q D O P G A O D Y G B T O H S T O P G V S L F M X Q O A D
B V D A H L S X A B O X R O A F B B O D B U D P B Q Y A O M M S B
A R Q X C P P S A B V T A A H O T B H A M Q A F Y H L L V A X U D
O M S H H A R U S A A B M A S R S T M C A V F U L Q R C B D A D O
O Y F V Y U F O O G C A V M A S T O L F T O S P C F P A D R B S G
H D L A B C O B M D T V F V O G M A A A H A U D S A V D L A B O V
U C S F A C T G A Y G Q V P Q A T A H D D A M S A U V T L C A A O
O Q C A U X A S X V L A R L T F A Q S P R D F C H H G L U X D O C
D B A D G S X T Y V G O C A R T L O A D O S Q T V O A U C S Y D A
A L S A C L A A R G A P P O Y U A B S T R A C T U S F M S A V H B
L A A T C N C O L A A O M M H A R S Q D T H S B T H A L U S I K U
Q S P L E N A U C O P Q M V B Q B S S T S D L O V Q I K E N I Q L
H R R K E T L R O H P M A C D O O S M L L R Y N I K E N I P V S A
A A K E N U T C G A T T O A U P G C B I K E N I K E B S O A G F R
V A N I K M Y C O L O G Y C O E N I K E N I K E P F A H G R X S Y
P N I K E N F U S T A I K E N I K E N I K E U T S A B A Q A X O R
O N I K E N I K E N I K E N I K E N I H L A H Y Q U L C H S R T A
Q K E N I K E N I K E N I K E N I O T U H B X A P S C A Y O A P O
P K E N I K E N I K E N I K E B A R R A C U D A G C D A T L T C O
G N I K E N I K E N I K E A C A D C X A Q T X V M G U G F A L O S
A X N I K E N I K E R U P F H B R H Y P G T T C G S A M P T L F S
F Q V N I K E N Y D V D A S V F S A D B O A L F P C F R U O M O V
S P A S A R T U C D Y Q X T L M T R X S U L U C L A C D D M H S G
V C D O X S Q V F G U O C A R F U D M D J U S T F D O T I T F V P
A T R G X O G S H Y A A C T A A R A P B Y V R T L B U O H D A C S
Y H V T L O H O L D O R R H A T S D H A P X U Y B C D Y M U L A P
A B G L P A D Y U G S P S U F O L D D R A A O O R A M A A O L R Q
Y O O G C Y C L O R A M A A V O M F H H M G X R C D A V M U M A X
Y C H H A R G L M A A U H D T M R V D V Q C V O M Y G A H A H C B
Q O A H O G L U C C O S O C T O R P P Y Y R V H A U O L A Q F S A
F Q S V L P P C A G M G O O L T T H T M H A M C U R M Q C P X A S
U O H U S X C A F A F X L B F H Q Q T U T R G X G R R F X A S M D
```

ABSTRACT	CAMPHOR	FLOTSAM	PALATAL
ABUTTAL	CAMSHAFT	HAGGARD	PARASOL
AVOCADO	CARTLOAD	MASCARA	POLYMORPH
BALLAST	COLLOQUY	MATCHBOX	POTSHOT
BARRACUDA	COMPART	MYCOLOGY	VOCABULARY
CALCULUS	CYCLORAMA	ORCHARD	

Solution on page 141

A BATTLEFIELD

You're looking for LOVE and all seven of the other four-or-more-letter words that can be made using any number of the letters in that other strong, strong word. The word list is in alphabetical order. Is it a coincidence or divine fate that there are seven – the number of perfection – other words to find!? Hint: That's a coincidence too.

```
E L L O E E O E V E L L L
L E V L E O L O O L E V O
L V V L V L L V E O E O L
O E L L O V V O O O L E E
O E O O O E O E O L O L V
V E L O L E V L V O L V L
V E V L V O O E O E L V L
L E O L V V L V O O L E O
L O O O O V L E E L E O V
V V V O L V V V V E O E E
E E O O L E L E L E E O L
O E V V L E V O O L L E E
O L V O O E E O L L V L O
```

_ _ _ _ _ _	LOVE
_ _ _ _ _	_ _ _ _
_ _ _ _ _	_ _ _ _ _
_ _ _ _	_ _ _ _

Solution on page 141

SHERLOCKING

You're looking for CLUES in the grid below, but you won't get any clues as to how many there are for you to find!

```
U U C C S S C E U S C L S
U L E S U S E U L C U C E
L U C L S L S E L C E E C
S C L U L L E C U E U U S
S C L L S L C E U C S E U
L L L U S C L E S C U S L
C L L E E L U U L L E L L
E E C U C S E E C U S S L
E L S E E U S E U C E E C
L C L U E S U L E L U U L
E C C E E L U S S U L L U
L L U U S U C U U C C E L
S C S E U L C C L E L C E
```


Solution on page 141

B-A-R-I-S-T

You're just looking for the twenty-four words below. This one tests your ability to focus, pay attention, and not lose your place. Maybe it's good to do this one a little at a time. If you skip it altogether, I don't blame you.

```
B S R S I T S S T I A I I T T T R R R B R I S I B
R B I I S B I I S S I A T S I T I B B A R A T S R
B A R I S T A I R I I I A B R B A R S B S I I B A
S A A T T A R A S A S R S A I T A I T S I T B B T
S A B R A R S A B R I T R A I S B R A A A R A A R
R T R S T R T S T S S R R S I S T I S S A S T S I
T T I I A I T S T I I T B I A B I A I S I R S B A
T R T B S B I A I A A R A I I T S I S A I S T B I
A T A T B S R T R I B T A A I S R T I I S T S S A
I A I A S S A R T T I A R S T R A T A R T I I T A
I B R A I A R R S T B A S I B B T T T A B B R S S
A A A T I T I S T I I S I R T S A B A S S I S T I
I T S A B S S I I R I R T S R T B R A S B B T B A
R S R B B I I A B R T S B B S R B B S S A A T B I
T I I B R A B B I S B T A S T I R S I R R S R R R
S T I R T S T B A B R S B T A R I R S B I I A T B
B R R I S R B R S S B T A A S T B T S T I I A I T
B A I A I T A B A B A S S B I T I R A S R S I T A
I R S R I I A R T S I T B R T S A T I B B I S A S
B I T S T S R R S R I I I R A T S I T T B R A R R
R I I A R T S S T R A I T R I I T A I T A B I S A
R R A A B A B S A S B T T S I R A T I S I A R T R
R I R A A T I B R T I I S I S S T R B I A A T T I
S B T S B R I R B S S R R S T B T A I R T B S B S
A S I A B S A T R B T B S T B A I B T A R R B A S
```

ABASIA	BRIARS	SITARS	STRATA
ARTIST	IRITIS	STAIRS	TARTAR
ASSART	RABBIS	STARTS	TIARAS
ASSIST	RABBIT	STASIS	TIBIAS
BARISTA	SATIRIST	STATIST	TRAITS
BASSIST	SITARIST	STRAIT	TSARIST

Solution on page 141

D-I-S-N-T-E-R

You're just looking for the twelve words below. This one again tests your ability to focus, pay attention, and not lose your place. Maybe it's good to also do this one a little at a time. If you skip this one too, I still don't blame you.

```
S R E N E I S R S N D S D E N N N S E T E I S
E R T R D E E S I T I E N T T N S E N S R T T
T E I D N R E E R I T E R R T T D T D D N T D
T T R R N N I D T R T R R E T E I E N R I T E
E E N I I T N I D D I E T S E I S N T E E E D
R D E R R D E D N T T N R T N S I D N I N S N
N E E I E T I E E T D S D S N N S T S S E E N
T E T S E S N N E R T E I E T N N E R T S S D
N R D E I S T S E S D S I E S R I S R S D D T
T T I T E T D D R R I D S S R S D T I T D R D
S E I T E N I N R D T T S T T D E D I E E T R
S S E S E N E N D R I S T R N T S R D T E T S
E E S R D D N D I N E N S D E T N T T R R R T
S I T N T R T N E D T N N N D N E I S S S E E
E T T T E N E I E E N R N T I R N T S D I D N
E I E N R E I I S S E E N I R I N N I E E D R
T S E S S N I S I T I I T E T R S R R N I E D
T N E D D N N I S R I E S E S E T R E I N D I
E E S S E N D E T S E R E T N I S I D T T E D
E T R I I T R N I E S T I R E N R S R S R R T
E N R T I E S N E D R D E D E D N T I R D I N
R I D N R S E S N D D R N E R S I R S E N R N
R I T E D I E E T R N S E S S D T S I T N E D
```

DENTIST
DIRTIED
DISINTERESTEDNESS
DISTRESSED
EERINESS
INTENSITIES
INTESTINE
NINETIES
RETIREE
STRIDENT
TENDINITIS
TRENDSETTER

Solution on page 142

T-A-L-E

You're just looking for the eight words below, which are the only words of five-or-more letters that you can make out of T, A, L, and E. This one again tests your ability to focus, pay attention, and not lose your place. But this one I think you can do all at once. If you skip *this* one too, I *will* blame you. For bonus points: Can you fill in the blanks below to make the three remaining words in the word list, which is, of course, in order?

```
E A E E T E E E L L E T E T T E L
A L A E L E T L E L T L T L L T E
A L E L A A T T T E A T L E E A E
L E L E L A E A T A E T T E L A A
E T A A A L T E E T L A E L T E T
E T L T T T T T E T A E A T T T T
A T A T L L T L E L L A T L A T E
L E A T T L L E E L L A E E T L T
E A L E E T A E L T E L A T A E T
L L A E A A L E A A A T T L A E E
L T A L E A L E A T A L L E E L E
A T E A L L E E E A A E T T E A E
A L E E L A L L E A L L E E A A L
L T E A T L T A T E E T T A L L L
T A L E E T E A T A A E E L L T L
T L T E A E L E L L E E T A A L A
E A L T A L E E T A A T T E L A E
```

ALATE

ALLELE

ATTELET

ELATE

LATTE

______

____

____

Solution on page 142

YEAH, I THINK IT WAS A RAT

Was it a car or a cat I saw? Who knows. Anyways, find these twenty-one palindromes in the grid below. A palindrome is a word, number, or phrase that reads the same forwards or backwards. Can you think of any other palindromes not in the list below?

```
H G R A C E C A R I O A H A G F E
H A L L A H S E N D O H X P Y V G
H R S V I S O C M Y Y M R S S X S
N S X A A C I P N S H A H S A T R
A I R R R V S A S T A A H E R O E
K T R E I A X E E R O T A T O R P
L O D C F E X A V R R K S C V X A
D E A M M E A R R E R O T O R G P
D N V E S R R E V R L A M N V C E
E M C E G T S V C O Y R P A A K R
I K M S L X E I S S H S F A E A L
F Y E A R R A V T E A R K R R H E
I Y Y O A R S E H M R X T K E D R
E A R V G O E R N C K E M A D A M
D X E M E S A G A S N E E Y D P E
I E L R P H X E E E H G A A E S K
A N D I R S T A T S R M R K R N N
```

CIVIC	RADAR	ROTOR
DEIFIED	REDDER	SAGAS
HALLAH	REFER	SEXES
KAYAK	REPAPER	SHAHS
LEVEL	REVIVER	SOLOS
MADAM	REVVER	STATS
RACECAR	ROTATOR	TENET

Solution on page 142

WHEN AM I EVER GOING TO USE THIS?

Hidden in the grid below are forty mathematical terms you probably learned in school and have since forgotten. Can you remember what any of them mean?

```
D I F F E R E N T I A L E T I M T A R V O U L
N O I T A L E R R O C P I L E E O T Y E S T A
R E T N A V X O Q G A R T H A R H I E R X A R
H Y P E R B O L A T R O A B P O Y C X N O L I
T T L I Y D F B L T X B T X A E A V N A S G H
R N I T V Y F R A C T A L A R H T A I S B O G
I E X O A G I P N Y V B E U A T E R C C T R R
G I V U P O I R I A E I D S B L L O F I F I E
O C C Q R L X E D O C L E R O E I T B R O T S
N I I O E O A Q R T T I O O L R U C C O R H P
O F M L F P T N O A O T B P A S I A A T M M I
M F H R U O R I E T R Y E E Y B T F C A U N L
E E T H R T G F I E L R C M U E U R L N L O L
T O I I E A Y E V I M A M C V S I P Q I A O E
R C R B E Q M R N U B E I I E T U G I B M M T
Y A A I N O B E T A T T T M N V X L Y M I I R
P R G A D U A A A R E A L E O T A Y U O I E T
A O O U O R T E Y M V L N A L N O L M C G G R
D P L U E I C P H I T O S D R E Y A G E L D E
L U G E O M E T R Y P G E X L A T L T E G A X
S Q P N Y N I E L X R I A O O R M N O U B B C
T I E C S R D G E N S C R N I C I E H P A R F
H I R R A T I O N A L A A X Q O I R Y A A A A
```

ALGEBRA
ALGORITHM
ARITHMETIC
AXIOM
BOOLEAN
CALCULUS
COEFFICIENT
COMBINATORICS
CORRELATION
CUBIC

DERIVATIVE
DIFFERENTIAL
ELLIPSE
EXPONENT
FACTOR
FORMULA
FRACTAL
GEOMETRY
HYPERBOLA
INTEGER

IRRATIONAL
LIMIT
LINEAR
LOGARITHMIC
LOGIC
MATRIX
MODULUS
ORDINAL
PARABOLA
PERMUTATION

PLANE
POLYNOMIAL
PROBABILITY
QUOTIENT
SYMMETRY
TENSOR
THEOREM
TOPOLOGY
TRIGONOMETRY
VECTOR

Solution on page 142

DRACULA

You're looking for all of the four-or-more-letter words that you can make from the letters in the grid below below. You have to figure out what the words are, except for the two obscure ones. Do you know what those two obscure words mean? For bonus points: What do all of these letters have in common?

D M L D C V L L M C C C X

I I I M X I V M D I M L M

L M I I M I V I I X D X D

D D D C D I V L M V C I I

C X D M L I V I I C M X I

I I M L L X V I V V I L C

C L I X V I D C M L I I I

X I C M I I M I X I V C L

X I V D V D V M X L L I L

V I V I D L D I M M L D V

M L I M C L M M M I M I L

L M I X I I I L L L L D C

V V I D I D C I L M L L C

_ _ _ _ _

_ _ _ _ _

_ _ _ _

_ _ _ _ _

MIDI

_ _ _ _

_ _ _ _

_ _ _ _ _

VILLI

_ _ _ _ _

Solution on page 143

MODERN ART PERIODS

Don't be one of those people who goes to art museums and walks around looking at each piece of art for as long as you think it takes for other people to think you know what you're looking at. Find these art periods in the grid, and then look them up – you might find that some of them resonate with you.

O E O X O P O T S A J A M U B F T R O I L R A U I O G R G
G N D F U J T A U T O I U I V L I T U D T T A C A R X N A
R T S U U D E O B C R C G N A I G V S J D E S T I J L U A
F R B R I G I E F I G E N F D L F R V M A G L L V S O U M
A U V I D L B A R F E O S B D O N X G V E F I X U U E N E
L P N M J M S I N O I S S E R P X E N A M R E G P R O E J
A U O U I B N R O U N X A N U I B T N J P L F U X A D T G
L G C N V C F A J U R I M E X A D M P O M P R E R A L I V
A B E E B T R A T C A R T S B A U P N F S V P T J B U O A
M A I M X S O G N A C E U M I M C G N E I B A M C T I O D
L X P D S N R P C A O M P N I N O F A R R B S V G I A T E
E B F O I I T O B O A A J O A I O E I I U N E B A M F L X
L E I A U J N G L P D U J E S J C I O I T T R A P O P A T
T B S J U X O O N C I E L M U T J N S N U C L I C U E T G
J G S I N P B U I V J A G I J R I M I S F L S V B T V T U
M S I B U C T G N S T G R D V U X M F O E A M E J V U L P
I G M F D C E T I D I B X D P R E I P I E R F I N B P U I
T V M A I R P E G U V C O G P E X U E R V V P E V X A M V
X U S U R R E A L I S M E S E L I O A S E E O M J R M O E
U X I J S E D X I G V O X R A T F T E B J S T D I U A X N
O L L P M S I N O I S S E R P X E T C A R T S B A O X R L
B D A S P O F G U L A T D O E X T F U N P O C I D I U O D
E A M T F A P O J S P U A A U U J P I O O M D E O A T F F
R A I F U C U A S U P R E M A T I S M O T R J C F N V E B
F C N V P M E A R N I F A A O B O D A D A V G J U I I T I
M J I S U U G O V T N E L D E F N O I E L I A A E D A S O
F S M N I I V J F A M S L D B N O D O L U L X X S T E C M
M C R A X M J E R M S I V I T C U R T S N O C I S I C B A
A D E I U V M V R D I C U J A A I D E A G U E V C O J O J

ABSTRACT ART
ABSTRACT EXPRESSIONISM
CONSTRUCTIVISM
CUBISM
DADA
DE STIJL
FAUVISM
FUTURISM
GERMAN EXPRESSIONISM
IMPRESSIONISM
MINIMALISM
OP ART
POP ART
POST IMPRESSIONISM
PRECISIONISM
SUPREMATISM
SURREALISM

Solution on page 143

_ _ _ _ _ _ _ _ _ _ SYNONYMS!!!

The forty words below are all synonyms of a certain word. Can you figure out what is it and correctly fill in the title above?

```
I M E P E R S U A S I V E V M T C P N V N
N W L D E C H H I L C E T N A N I M O D K
I S B O V C I T E G R E N E D E M N F N V
M U I T I T N E T O P I N M O R A T V K N
P O C N T O G N I L I A V E R P N I E Y C
R I R E A T R A W L A T S R D O Y C D T O
E C O N T R O L L I N G M P P T D R G F M
S A F I I L P V T T H T O U I Y U L N S M
S C N M R Y T U E N I E L S R T W K I T A
I I C E O D R N R R U W T R S H I E C R N
V F D E H L U F E C R O F N P G T F N E D
E F N R T E U T T T W U M C A I N F I N I
T E D P U I B H S C E I L A U M E E V G N
B N E T A W M U T U P P C I R L T C N T G
N G E G N I L L E T B M M K N A O T O H I
W E I G H T Y K K F I O S O E G P U C Y E
E V I G O R O U S G T L R T C D U A N S R
S N S D C C D M H P U I S S A N T L I L E
I N F L U E N T I A L N L R U L I N G F V
I R E I I E Y P P D R E L B A P A C A R O
C O M P E L L I N G G N I P P A R T S M S
```

ALMIGHTY
AUTHORITATIVE
CAPABLE
COGENT
COMMANDING
COMPELLING
COMPETENT
CONTROLLING

CONVINCING
DOMINANT
DYNAMIC
EFFECTUAL
EFFICACIOUS
ENERGETIC
FORCEFUL
FORCIBLE

IMPRESSIVE
INFLUENTIAL
MIGHTY
OMNIPOTENT
OVERRULING
PARAMOUNT
PERSUASIVE
POTENT

PREEMINENT
PREVAILING
PUISSANT
ROBUST
RULING
SOVEREIGN
STALWART
STRAPPING

STRENGTHY
STURDY
SUPREME
TELLING
VIGOROUS
WEIGHTY
WICKED
WIELDY

Solution on page 143

__________ SYNONYMS...

The twenty-nine words below are all synonyms of a certain word. Can you figure out what is it and correctly fill in the title above?

```
I E E E E K T I O G E I W D U E P E L L L
M B N U C N E N I N J J S G E N J O A I G
S B D E P E N D E N T T D L I E A N A H B
N I T L E M W T I T C E B P N W J R T E I
O N M G T E I H A E O A T I A M F P M N V
H C E D I N M G J U R P P A I J H E E E G
E A S E O I P B U E U A M A R W P K I W D
L P J S L S U I N Z N G Z I C T C Z Y N N
P A H I A S E L F I F I I E V I S S A P V
L B R H T N U G D N I R E T H S T O B M D
E L L C E V E G O E T T T C M L U A R V B
S E A N D N D W D B I J I H I A Y P T P E
S H U A F N S S E L E S N E F E D N I E B
T E T R S G Y N C O Y N V U D E P D E N D
N W C F V N N E E V I T C E F F E N I A E
I A E N E T N Y N P N H Z F T L U N I S I
P B F E B L S S E L T U G L B R N E I W S
U F F S Y L B Z C R P A R A L Y Z E D N H
A G E I T K A E E F R U S A M N J Z E M K
B Z N D C E E N E V H I N E D Z K U Z P D
M R I F N I I I K F D E B I L I T A T E D
```

BLANK
CHICKEN
DEBILITATED
DEFENSELESS
DEPENDENT
DISABLED
DISENFRANCHISED
ETIOLATED

FEEBLE
FRAIL
GUTLESS
HELPLESS
IMPOTENT
INCAPABLE
INCAPACITATED
INEFFECTIVE

INEFFECTUAL
INERT
INFIRM
PARALYZED
PASSIVE
PROSTRATE
SUBJECT
SUPINE

TIED
UNARMED
UNFIT
VULNERABLE
WIMP

Solution on page 143

CH, EE, SP

Find all nine parts of speech in the grid below. Things like "parts of speech" are not determined by any governing body, and you may remember only learning that there were eight of them. We can at least agree on one thing: there are less than one million parts of speech. For bonus points: Fill in the blanks with an example of each part of speech.

```
N B R E V N U N C B R J P
O T C X L A U E E D S T O
I A N C J O B O T B J O N
T D N L O A A N N E D U J
C E D A P I E R V O O T C
N T M M E N V E M N R I P
U E P A B R E V D A C P N
J R N T U M A B D P E B O
N M N I E V R A O C D C V
O I U O A D J E C T I V E
C N A N U M J I B P T I N
T E P R E P O S I T I O N
T R M D P A B T T R R T V
```

ADJECTIVE: ____________

ADVERB: ____________

CONJUNCTION: ____________

DETERMINER: ____________

EXCLAMATION: ____________

NOUN: ____________

PREPOSITION: ____________

PRONOUN: ____________

VERB: ____________

Solution on page 144

THE EXCLUSIVE EXECUTIVES CLUB

Another somewhat-boring theme. Hopefully you'll consider it a nice break from the rest of the book. For bonus points: Number them 1-39 in the order in which they served and put a star next to the ones who served more than one term.

R J F U S Y T L I N C O L N G I K P O P D T Q X C
L J V N O M R N B N B Y U Z A Z F F Y J D T W T X
G F N J I X U V A G C O Y N R D N W O Q L B U S H
S W O J I K M M O R N R N J F K C I A E L L E F A
G R S V B S P F E Y G E W F I P X E V V Y O E I R
W Q R C S Z R O N R T R Y D E N N E K C R T K L R
N P E X K T C R E E A Y D K L D S B H N J C W L I
A Z F D M V A D J W C C L O D O R N O U W W A M S
E O F N O I D W B O E P N E O B A M A W I T N O O
X Y E A W N A N A H C U B R R M N N Y H F L S R N
N H J L A O M P A N Q F F F U A R U H T R A Y E S
D R B E V Z S P K E E M N R G F Q T V F T I W W P
N C G V K C X M R S M C T A S Z E I E W R F V M N
W V P E N P S I F I U A E P T A Y L O R Z O A A A
O I W L N W L Z P E D R L N N E G E M U O L I T A
H H L C I H U X M I E T J D A E E L L F U D D I X
Y Z E S X Z Y J V A E E L T Z P G H N N C V L N I
W V E K O W G E U E D R T L B N P I N O I A K U H
D P S F N N K N G H B I C Y Y B T G H B T K G F N
X U C P L Q Y D I I R M S E M R M A A Z O N C Q O
X P O F B M I N L D O B G O H U I K Y X N J I M S
Q L N A I L T E I G R Z K N N Z M X E O J B M L K
K D R Z O K F Z I Z E A O U U S N O S N H O J P C
D M Z O M H N O T G N I H S A W Q V U U B Z I Y A
J P C M E B K O Z V A N B U R E N R E V O O H I J

ADAMS
ARTHUR
BUCHANAN
BUSH
CARTER
CLEVELAND
CLINTON
COOLIDGE
EISENHOWER
FILLMORE
FORD
GARFIELD
GRANT
HARDING
HARRISON
HAYES
HOOVER
JACKSON
JEFFERSON
JOHNSON
KENNEDY
LINCOLN
MADISON
MCKINLEY
MONROE
NIXON
OBAMA
PIERCE
POLK
REAGAN
ROOSEVELT
TAFT
TAYLOR
TRUMAN
TRUMP
TYLER
VAN BUREN
WASHINGTON
WILSON

Solution on page 144

S-R-T-U

You're looking for all thirteen of the four-or-more-letter words that can be made using any number of the letters S, R, T, and U. There is a piece of British slang that isn't in the word list, but *does* appear in the puzzle three times – find them for bonus points.

U T T T S U S T S U S T T S U
T S S T S U T U T T T T U U S
T R U U S S S T T S R U T T T
T U U U U S T R T R S T T T R
U U S T R T T R T S U R U T U
R S U U S T T T S U U S R S T
R U U S T U R T S S S S T S R
S R U U U S T S U U U T R S T
T T S S U T R T R T T T S S R
U T S T T T S S S T T S S T R
T U T T T T U T T T U R S T S
R T T T S R R U T T T U U S S
T T T R T U U S U T T U S S T
R U S U S U R U U T R T U R T
T T T S U U U U S T U T T U T

RUST
RUSTS
RUTS
STRUT
STRUTS
TRUSS
TRUST
TRUSTS
TUTS
TUTTUT
TUTTUTS
TUTU
TUTUS

Solution on page 144

BON-_______

You're just looking for eighteen seven-letter words starting with BON. Nothing fancy here.

S A L S R E K N O B S R E N D R O N B K G O B
S S D R S G N S K I S Y L I N N O B K O A A O
E B O N D S N U G B R B G S F Y G B N O Y G L
U Y B F F O R M B O A D R N B O N I E S T N T
N F O S B F Y B O N D T Y Z A E Y E E O G I E
F N O R S T Y A F E D B O N G N O B S E U K F
O E O E B D O I Z L F E G S I E E B M B O N M
D O M D O U E U T E A M D R M A G A Z O N O G
N U K N N Y B N R T I O F M E I E Y S N L B B
T B E O Y L U N N B O N D M A N R U U N O B R
I O T B S I K U B D T L I K L I B N F N S B R
K N Y R S Y O S Y E B O N B O N S R I S O B S
G A S O G B O N S A I S A M I K O N D O Y R B
N N E M E O B E O A I Y B O B G D E O S D K O
I Z S O I I N F E B U N N O I L K M M O S S N
D A U D N O E B S R O G N Y U U Z D G K L F T
N T N Z B N O S I E L B O B E E B N E M B D N
O O O M B U U L R R O A N N Z M O O N R O O E
B N B Y Z S M I K N S R O F Y S N B K M N M B
N E F B I O F B R E I N N O B M D E E Z N F B
B O N I F N B F T U O K G K O N A E R L E U G
I U N L O I B B O N I N Z Z I S G T S U T R N
Y F E B A N O A L B E M S E S M E G I O S S K

BONANZA	BONDMEN	BONKING
BONBONS	BONELET	BONNETS
BONDAGE	BONESET	BONNIER
BONDERS	BONFIRE	BONNILY
BONDING	BONIEST	BONSAIS
BONDMAN	BONKERS	BONUSES

Solution on page 144

RANDOM SEVEN-LETTER WORDS I

Another break, maybe a needed one. These next eight puzzles are self-explanatory, but not so much so that I don't need to at least say that. Next time, I won't say anything.

```
R U U F I T V M E S S
E R S U C A P T U R E
T F A E R F R C H N E
N B U I I J E T T O L
U F C T E C V C O I I
O B S C U R E H P T T
C L E N T J R P C C P
O S R M B U S E S I E
M H A U N A E F E F R
R V S B A T H T U B R
S I S S E R P M I V O
```

BATHTUB	OBSCURE
CAPTURE	REPTILE
COUNTER	REVERSE
FICTION	SPECIES
IMPRESS	SUBJECT

Solution on page 145

RANDOM SEVEN-LETTER WORDS II

N M V Y T E I I A S V
R P R P E S Y T X O M
E P E M T T E C B U Y
T S S B I A C O Y N S
T C N E U D I N V I T
A A E E C I V T A C E
P P F A S U R E N V R
A I F E I M E X E T Y
M T O A B D S T C B T
E A A T T R A C T B R
T L I M I T E D S N P

ATTRACT	MYSTERY
BISCUIT	OFFENSE
CAPITAL	PATTERN
CONTEXT	SERVICE
LIMITED	STADIUM

Solution on page 145

RANDOM SEVEN-LETTER WORDS III

T	R	R	T	T	R	E	A	A	A	D
P	A	O	D	N	R	R	R	E	I	W
I	O	T	D	R	A	O	N	D	O	I
O	N	C	P	E	E	I	P	P	O	T
N	A	A	N	R	I	V	R	P	I	N
E	W	E	E	L	U	L	I	A	U	E
E	W	R	M	E	Y	T	P	L	V	S
R	Y	N	Y	A	D	P	R	P	E	S
C	O	M	M	A	N	D	A	P	A	D
E	M	O	T	I	O	N	L	P	P	T
A	P	E	N	A	L	T	Y	R	D	P

APPLIED
COMMAND
DELIVER
EMOTION
PENALTY
PIONEER
REACTOR
SUPPORT
VARIANT
WITNESS

Solution on page 145

RANDOM SEVEN-LETTER WORDS IV

E Y G N I T O O L O M
G I T C C F W U A M R
A E W I T I E N U A O
B O C L L Y T M S I F
R I E S E A I E U Y R
A S S B T X U Y N P E
G B R P A A S Q R E P
E O T M O Y S Q I W G
W B M W N C T Y S A W
O O E M R O I Q E E L
S R N A P O L O G Y E

APOLOGY	LOOTING
ECSTASY	MAXIMUM
EYEBROW	PERFORM
GARBAGE	QUALITY
GENETIC	SUNRISE

Solution on page 145

RANDOM SEVEN-LETTER WORDS V

M E L B O R P P L I T
R O E X N Q C E E N C
M N L X R U R T M X N
Q M I R T R S Q B I I
C L I S A R S S R S T
U T R U S T E E A T X
S G Q M S U R M C U E
T R E S X Q G B E M A
O G E P S G I O O B E
D C E O T M D U E L M
Y E L E G A N T R E O

CUSTODY	EXTREME
DIGRESS	PROBLEM
ELEGANT	QUARREL
EMBRACE	STUMBLE
EXTINCT	TRUSTEE

Solution on page 145

RANDOM SEVEN-LETTER WORDS VI

L I E C G E E E T I V
H I A E G A S U A S G
O R B C A B I N E T E
H V H E I E C E H T N
E P E T R B Y R P V U
A E G R A T T U A E I
L U A C A R Y T I N N
T A L H H L T S N M E
H N L A L C L A T E E
Y G I I E E T P E E R
L E V O R P M I R A O

CABINET	OVERALL
GENUINE	PAINTER
HEALTHY	PASTURE
IMPROVE	SAUSAGE
LIBERTY	VILLAGE

Solution on page 145

RANDOM SEVEN-LETTER WORDS VII

```
V L A U A A A C E I C
T V H E S I P S E D G
L L C L C S I E C T R
S A C H L C D L N C A
U G E L C I T R A E D
R A D A V S E C H L U
F F R O A Y O L N L A
A E R L E H S E E O L
C C C L O P F I S C E
E P N E U T R A L V C
P O P U L A R G R R Y
```

ARTICLE	GRADUAL
COLLECT	NEUTRAL
DESPISE	PHYSICS
DIVORCE	POPULAR
ENHANCE	SURFACE

Solution on page 145

RANDOM SEVEN-LETTER WORDS VIII

C O N C E P T T E R Y
T L X N U C S G E F C
J F O H E I T A I E D
I O X L T X C T E X R
R B F N S R S P H A I
U E E G R U L P S M B
R D S E J A D X I P B
C F D P S G S E L L L
Y L M T E X D S O E E
J D E M M C A S B T T
S R B A E T T F A F E

ABOLISH	JUSTIFY
CONCEPT	PLASTER
DENTIST	REFLECT
DRIBBLE	RESPECT
EXAMPLE	SPLURGE

Solution on page 145

T-R-A-N-S-U-B-I-O

Oh, did you think you were finished with these ones? These aren't the only eight-letter-or-more words you can make with these letters, but they're some of the coolest.

```
O U O T T N O I T A I T N A T S B U S N A R T I R
N N U B S O S N A A B I T N I O O R N A O O R N T
O S S A T O B U R N S R B S A I R A S O B U S S T
I S T I U R R O U N B I N B I S R U B T S S U N R
T S T R S O U I B I T O S O N N O N A S B R I I R
U R R U A N O S I S I U T U A N O R R R T S N N A
T S R I T S A N I T I N U I I U T I O I O S T T N
I O B N I A T N A O T A B T B R S N T T N T I U O
T T U A O U A N B I N R B R N B T N A I N B B T I
S I A O B T I S T B N O O N I O A B T O R S U U T
B B O N O S U O S B S B R I S B A U I O I T I R U
U B O B S N U U T T R S N A S N B T O B I N U R B
S S T A B S T R A O T U U N I O A O N T O A B N I
O N S U U A R O B R A R R O R T T R N S U R A T R
S S R U U T O T S R U B T U O A U U R N U R A B T
A N T U A N O R T S A S R N S I B S U A N A I N T
T A T R S O I R I B A A N I R T A S O O N T R T A
A S S O I A U T N A T A U A A T S T B R N O S R T
B T I S T N S A I O B N I O U T S I O T B R R I A
B S N O I N R B O T R R S R B U N R N R B A N O A
I O O R N U N I T A R I A N I N T U B A T I O N R
R R S A N S T T R I B T A S I B R S A I I U S B N
O I R T I O N I A B I I N T I N T O O T I U O T I
R S A N T B B O B O R U N A B O U T R U T T B U R
S I R T T U O O N I A O R U R A N S A S U N B N S
```

ABRASION
ANNOTATION
ANTITRUST
ARSONIST
ASSASSINATION
ASTRONAUT
ATTRIBUTION
BOTANIST
BRONTOSAURUS
INTUBATION
NARRATOR
NUTRITIONIST
OBTRUSION
OUTBURST
ROTATION
RUNABOUT
SATURATION
STUBBORN
SUBSTITUTION
SUNBURNT
TINNITIS
TORTUOUS
TRANSUBSTANTIATION
UNITARIAN

Solution on page 146

CON-STANTLY

You're looking for the only nineteen six-letter words that start with CON. One of them you have already looked for in a previous puzzle, do you recognize it?

```
O G C M C O N D Y X H G C O A M C B F E E C L
M C O N N N M B R E N L K N C Y O U L G I O Y
M R F E N L M C T G O O E R O D N O C N I N C
H E E Y L N E O B H I O Y H T S S C O N D O S
O C Y C K U T N T F D N D K S N X T U N G E L
C B L L U E X H R C E C I T O H R O C T X E E
H O R C O N C H S U I O N C H V Y E O I I C D
R C N R T R A X R B C N G C K D X S N A A O C
T T I V V A T C B R O N N B Y E T V S I O N B
F A E N E E B E G N N X X G X N O N B T T K L
H S E A N X S C R X E Y E E X N C L I E E E V
L R C Y A R N N M Y C U F R T O K F C C V D L
I E O V E C K V N O X S V H F C N B C O I K F
O C O N K H F K N C O N I C S O O O C C L V L
Y E C K C V O F V X R Y U L C E L N L O C S A
E F U V I M E E K N V C D N H H A D N N O E A
V Y C E F R C G H C O N U S A V D S C O N S F
N O B O U R D E E T R B S A G M C N A S O S C
O V O C N C O N I N G F F O D G N E N K R O N
C N C O N F I X X C R E K N O C H O S A N T N
G O L C K U A L H E V K C O N C U R C S Y S O
I C X H R R R B N L K R R K D E E V U M D K X
Y C D N X F E X U X C O N N U E B L K X B R G
```

CONCHS	CONFER	CONKED	CONSUL
CONCUR	CONFIT	CONKER	CONVEX
CONDOR	CONFIX	CONMAN	CONVEY
CONDOS	CONICS	CONNED	CONVOY
CONFAB	CONING	CONSOL	

Solution on page 146

SIX RANDOM SIX-LETTER WORDS I

```
I N T E O A A O E C U H H
U F A T E N N O O N S T I
I K M F U M E U M I A L H
S U M M U H S U N G H A U
Y S Y T U I M E O R U E G
N F U U N A K C S A F H T
U A A O R U A N N M S A R
L M A T M R K A H I L A T
S M F M E S H T A N T U Y
E A Y H T A M K N U E U M
Y H T Y E K N O M Y E E H
H A A R U H E S H L E N T
F A N N T L T E N I A T R
```

COUSIN	MARGIN
FATHER	MONKEY
HEALTH	MUTUAL

Solution on page 146

SIX RANDOM SIX-LETTER WORDS II

O N E N E E A I O A B I L
A S A E H G N N E I O L N
L A E P N N D O I E L E P
P O B E A A H E N A D L A
E P P E H D A G L I O T E
O L O U A P O I A P U P G
G A E P I U H P T O B U O
E A I D P S E A C S L E A
S H C T I N T N O P E I O
D A N N A G E L P U O C A
A E A O E O O C P O U A A
E B T E N A L P G P P E E
P P G U U C G S N O C E P

BANISH	PIGEON
COUPLE	PLANET
DOUBLE	PLEDGE

Solution on page 146

SIX RANDOM SIX-LETTER WORDS III

A H E Y E E T N Y R R E H
B Y R A H F F B T T C N R
H O C A Y C E A A H I O B
Y I C H E R T H O N B E F
R O I H E E R R F A E H F
T O N Y B O T E R E R H C
V N H N E T C V H E C H L
N H T H H T R E O C E H V
B E E O A H H A C R E O L
L A C E V A E L R L N I C
T E H E E I T E L T T O B
I A I N R H H E L E V O E
R F R B T F O E T T T T E

BEHAVE	ETHNIC
BOTTLE	INFECT
CHERRY	REVEAL

Solution on page 146

SIX RANDOM SIX-LETTER WORDS IV

B T P A N U I T A T O S I
E U T E S N P T N E G R A
S S F G U T T F G E V H V
I I E F T S E W R I T E R
N E N U E O T A S E W W O
I N V G I T V N I W O T N
A U W I L P I E E G S B R
U W T B T E T I T P E E S
I G P L C C T E S V P O I
S W T R I R A E T V E A T
E O C T G S C T C U E O H
N O S S E L L N E S B O O
T G E E H F T P I G E E T

ACTIVE	LESSON
BUFFET	SINGLE
HAPPEN	WRITER

Solution on page 146

SIX RANDOM SIX-LETTER WORDS V

E	L	M	I	P	Y	O	L	Y	S	V	D	I
A	S	T	D	R	R	S	T	I	E	N	O	D
B	V	C	A	E	O	E	D	U	R	N	M	O
O	O	T	E	M	N	B	A	L	L	E	T	R
V	L	Y	D	O	U	R	N	E	U	E	O	L
K	P	A	N	D	I	K	B	M	Y	V	D	O
U	N	K	N	U	N	A	N	P	B	A	R	O
M	O	N	C	L	S	U	S	N	E	C	I	O
B	O	N	L	E	B	B	E	O	P	P	V	D
O	C	Y	R	A	N	S	R	O	T	S	E	O
L	Y	B	L	C	O	K	I	V	R	E	R	D
K	T	N	D	L	U	Y	K	L	A	A	R	A
E	M	A	L	N	O	M	V	K	A	T	N	D

BALLET
CENSUS
DRIVER
KIDNAP
MODULE
TYCOON

Solution on page 146

SIX RANDOM SIX-LETTER WORDS VI

R E S T I C T C C F R L F
F A M A H I T I D D P F T
C F N D T H C H D T I H H
S N D D R E E T S M R S E
F D S L O E F R M P S E S
F M S L M M F E F C L P P
M O E O D M E N C C R T I
I C L R C E L C M E S O E
S I O T M D R H A N A E E
E I F S O I A D E E C O E
I O L T N C C D D C C F N
R O D E F E C P S D I E C
E C M C M D A M P O H N E

DECIDE	SPREAD
EFFECT	STROLL
RANDOM	TRENCH

Solution on page 146

SPANISH FOR... THE NIÑO

This is a list of Spanish words that are commonly used in English. For bonus points: can you put the correct diacritic over the correct letters to turn some of these English words back into Spanish? (A diacritic is what you might call an "accent" over a letter, such as ñ,å,î,é,v,é...)

Y T E T O B N O F N I O N A T B E A U R F
L I P D L R O R C A I S O S A H L N S O I
A T S E I F Z N C T U O Q E D N A A L Z I
C V D C E Y S N A A Q T G M A M V N B N E
T O L A H N C P V N L A E I U F O A E O A
S T N C L O C E R I Z D R P T A R B U G G
O E C D O H C N O P P A E M Z R L Z E N A
G C S T O Z O O N I E T O R A I E D Z A S
U A Z R A R N T L H P I B C A D O V R T T
E N S I E R R A R A O A U I M B I N O E P
R Y L A B I N N A C T D R O Y P O L O E L
R O C L R C I R A S A E S A L C L D L T H
I N M H E O M B E I T Q V A N L A R R O C
L P C R Q A A I E E U L Z O A A A V P A T
L O V I D N S L F I O A R Q M C A L M N Y
A I A A A U S A T E I B I A H N H R A A L
O E T O Y O C O Y N D F L O T O R A C U Y
E E S Y Y A L L I T O L F D M H S A H G S
L A D V I G I L A N T E I Z S B S M O I N
I Q I O V G N A Y N Y C O T N O R P L L B
G R A F R A C A G R I B I C S U D O P L B

ARMADA
ARMADILLO
BANANA
BARRACUDA
BODEGA
BONANZA
BRONCO
CABANA

CAFETERIA
CALDERA
CANNIBAL
CANYON
CHOCOLATE
CONDOR
CORRAL
COYOTE

FIESTA
FLOTILLA
GUERRILLA
IGUANA
LLAMA
MACHO
MESA
MOSQUITO

PATIO
PEON
PINATA
PLAZA
PONCHO
PRONTO
PUMA
RODEO

SIERRA
SIESTA
SILO
SUAVE
TANGO
TILDE
VERTIGO
VIGILANTE

Solution on page 147

THE TWENTY-NINE STATES

India is comprised of states like the US, but they have twenty-nine states and unlike in the US, most of them speak their own language! Well over twenty languages are spoken in India, y'all.

ANDHRA PRADESH
ARUNACHAL PRADESH
ASSAM
BIHAR
CHHATTISGARH
GOA
GUJARAT
HARYANA
HIMACHAL PRADESH
JAMMU AND KASHMIR
JHARKHAND
KARNATAKA
KERALA
MADHYA PRADESH
MAHARASHTRA
MANIPUR
MEGHALAYA
MIZORAM
NAGALAND
ODISHA
PUNJAB
RAJASTHAN
SIKKIM
TAMIL NADU
TELANGANA
TRIPURA
UTTAR PRADESH
UTTARAKHAND
WEST BENGAL

Solution on page 147

TABLE TENNIS TERMINOLOGY

You're looking for a bunch of table tennis terms. Don't worry about it if you call it ping pong, that's what many people in China call it too – even though it's their national sport. For bonus points: Can you figure out why this puzzle is in this book? Hint: it's an homage.

```
L G E U E T E K C A R N L F J T P
K F O R E H A N D W K A O T R E O
C T G D P A D D L E C G B U A L O
O A A S S D N A H K C A B D A J L
L L I A N T I S P I N B E C U S E
B D N P L L R C D R E E R N S H B
L B V D I T L O D R F F K O P A A
A V E E E R A F K K L T E D E K W
A A R D U A G L O E I W S I E E T
D A T J D E R E O K P I P S D H H
K P E N H O L D I O T D O E G A N
N B D B N I C L H F A D N V L N T
U S A T T I L C L H B L G I U D H
K L L A B D R I H T S E E R E N I
S C F E W C C R W E C U E D R F T
S M A S H K S E E M I L L E R D T
E B O W N E M E R I P V P U S H F
```

ANTISPIN
BACKHAND
BAT
BLADE
BLOCK
CHOP
DEAD
DEUCE
DRIVE
FLICK
FLIP
FOREHAND
GRIP
INVERTED
ITTF
JUNK
KILL
LET
LOBBER
LOOP
PADDLE
PENHOLD
PIPS
PUSH
RACKET
RUBBER
SEEMILLER
SHAKEHAND
SKUNK
SMASH
SPEED GLUE
SPONGE
STROKE
THIRD BALL
TWIDDLE
USATT

Solution on page 147

TEN RANDOM FIVE-LETTER WORDS I

P L G G R M F T G I O
N O M U O U U I H U D
O G R E G O N O T B M
I R A P T N D D G O H
S D L A I R B N A G M
E I A A E O I U U S M
P A R P A L I O T H U
N T A U F U R D T O B
P P I R E B E L A U L
N M O T U L L U I R A
R S O U A F G U A E I

ALARM	PAPER
ALBUM	RADIO
FLING	REBEL
MOTIF	ROUGH
NOISE	TRAIN

Solution on page 148

TEN RANDOM FIVE-LETTER WORDS II

C M M S F R M E D V T
N I A I D V E V O L G
V O N J S H A V E T C
N R R A O A U S V R W
U U S E P R R W V O R
K F A I T H O R M K E
N H C P R W E O J C C
F D E R M E D G N E K
P G C P U E V O U H P
I E E N L D K O T C R
K J O F W G E E H O P

CHECK	MAJOR
CRUDE	MODEL
FAITH	PANIC
GLOVE	SHAVE
HOVER	WRECK

Solution on page 148

TEN RANDOM FIVE-LETTER WORDS III

E	I	W	B	W	W	A	I	G	C	P
G	T	M	R	M	V	S	M	D	E	V
P	R	A	C	E	I	A	I	P	G	Y
L	L	C	I	M	V	L	L	Y	R	T
M	E	R	I	T	Y	A	C	T	A	I
W	T	A	C	G	P	D	M	R	L	N
E	D	Y	V	D	B	M	M	I	C	U
U	V	I	G	E	T	P	O	D	A	P
W	L	C	N	V	P	E	I	S	B	P
S	T	A	T	E	M	I	Y	S	I	P
L	B	L	M	A	B	G	N	O	R	W

ADOPT
CLIMB
DIRTY
LARGE
LEAVE
MERIT
SALAD
STATE
UNITY
WRONG

Solution on page 148

TEN RANDOM FIVE-LETTER WORDS IV

R	R	E	N	I	M	O	K	I	P	N
F	B	D	N	K	M	B	F	A	U	W
A	E	R	U	A	S	I	A	U	F	K
S	P	E	N	D	R	T	F	U	E	E
K	B	C	S	C	T	I	R	E	E	P
W	O	A	B	E	K	B	S	A	C	E
F	W	W	C	K	I	S	K	E	P	N
W	R	K	N	O	S	S	E	R	P	E
K	U	A	A	E	N	T	O	P	W	C
M	R	S	U	P	R	F	S	U	A	S
F	N	P	D	D	R	O	A	S	N	A

ARISE
BACON
FRANK
FRAUD
MINER
OWNER
PRESS
SCENE
SPEND
STRAP

Solution on page 148

TEN RANDOM FIVE-LETTER WORDS V

R	H	I	F	D	M	R	R	K	B	N
C	L	A	S	H	L	E	I	E	C	S
L	P	U	S	C	F	S	F	F	P	M
B	C	L	C	E	D	K	E	I	F	I
T	L	I	R	H	P	E	F	N	A	E
E	S	F	S	K	A	T	E	K	L	M
E	S	H	N	A	C	N	L	N	L	A
D	A	U	E	R	H	R	K	D	T	L
I	A	A	A	E	T	I	A	P	U	B
L	A	C	C	C	P	C	U	F	L	L
S	K	U	I	R	I	B	M	A	T	N

BLAME
CAUSE
CLASH
CRACK
CRAFT
KNIFE
REFER
SHEEP
SKATE
SLIDE

Solution on page 148

TRINKETS

You're looking for the twenty-nine below. They all have something in common, can you figure out what it is? For bonus points: If you know what they all share, can you identify which one is which?

```
J A U P D O U O N R I O T N V P G U E
B W I D S A P P H I R E I Z T Y I K V
M P L O V P B O C E W T P P I L G G S
J R L O E E S D S E C O P P E R C S Z
O A E W L T S I C W O G S W L H I A L
D L A R E M E A K A N P Z O I L L V S
P Y T S R L L M P N O L T N V E H E H
P O H O J U W O O L R G A E E Y Z N O
S L E R M O A N O I I S R T A N L R Y
Y U R I O R W D E N O T S N O O M P H
B R N L L E N W K E I T V R C I R Z R
C U E T O P R L A N R E B E L A U A L
M L R T J A D E T D K Y P E O L B N A
R E J L T P T R I L E Z I E P G Y O R
U D A Z O O W G L O G O L L A V T T O
Y R O V I M P R A G B P N K L R O T C
U A S I L K C C R Y S T A L D P L O I
N P Y N R W N C A K G L R Z L I R C N
C R N I A O M E D P G P E P E G Z Z W
```

ALUMINUM	EMERALD	MOONSTONE	SILVER
BRONZE	GOLD	OPAL	STEEL
CHINA	IRON	PAPER	TIN
COPPER	IVORY	PEARL	WOOD
CORAL	JADE	POTTERY	WOOL
COTTON	LACE	RUBY	
CRYSTAL	LEATHER	SAPPHIRE	
DIAMOND	LINEN	SILK	

Solution on page 148

A REAL GOD'S GODS

You're looking for all twelve Olympians – the Greek *and* Roman ones. For bonus points: Put a "G" next to the Greek Olympians, and an "R" next to the Roman ones. Hint: One is the same for both, and a couple are "sometimes" status.

I T I V M N N L E L N R T N Y S L S P Z J T B O D
I R N C Y V S T I M S I T T H U R S U L O U R R N
R R O P V N N E A Y A I I Y U Y O J T L T V J L S
D E H N A B M U O T U S D S S L S V A Z H S O Y T
V R Y C U A R N T E Y A R U V S O A S M N Z V C U
C O I H I J Z A O R J P O I B E U N A C L U V C R
P A E I A R L L N Y P M R N Y S R S R S S T Y Z R
E R C A H T L S R A Z J J S V M C A S B R N S B B
A E B H H O A I E S M B S T E E S I J Y O S E T U
Y I A J P I E L H O J M B R E E T S C E R E S S S
H P P A E P R E T I P U J M T E E U R V Y A D H S
E E E A J A A U A S I S P E I U H T S D H S I E C
V Z E A D A M A B N Y R P C D L A S S Y H E O R Z
P C R N A Y M I A P E D H J O S I E J I N E N T R
A N A I D Z E D T D P H A R R M H A A U E R Y J S
Y A A N V U A E R E T M T N H P E H T I D C S M T
E S S Y E V U M C E Y E S A P A O P H S T J U L M
L A E R C V R E E H E R E P A C E E U H A S S N Y
V I R Z U B A T T A S C M B Y N E H U S A D E U C
N C A C N J A E C R R U R E T V C H U T U V O H B
S N H E J U M R R T H R E I O C R D S S H N T E V
V Y A V R E N I M M E Y H B A S L E D Z R A E V A
E C R S O T O Z L A P Z R B N U V Z O R Z J R V V
N O D I E S O P B J R J H D A E S I M E T R A D Z
S E P M N O A Z P I T S Y J A Z R E M E A Y A I D

APHRODITE
APOLLO
ARES
ARTEMIS
ATHENA
BACCHUS
CERES
DEMETER
DIANA
DIONYSUS
HEPHAESTUS
HERA
HERMES
HESTIA
JUNO
JUPITER
MARS
MERCURY
MINERVA
NEPTUNE
POSEIDON
VENUS
VESTA
VULCAN
ZEUS

Solution on page 148

AGAIN WITH THE MATH?

Hey, some people like math! These are all different types of numbers. How many of these terms can you define? Here's a hint: "Infinitesimal" is how much money you feel like you make, and "Irrational" is the amount of money you spend.

```
C D S F Y B D X D U B X R E T Y M B E R N E C Y U S T
M A V O R U X U C B C D N L Y T P U T A V Y T O O D D
A N X P A M I C A B L E L B R L S O U I Y B A T F M S
A B E F A P C M V X N B A A P D L F T O L T G O L N E
U U Y X S V E O C L R A N T S C I A R B E G L A B R L
G H H I T R R S A A P S I U H L G N L I P Y E H T S P
T P N V S T N R T S C B D P G E Y P E O D R Y N D C I
O H R E B D U I F E U E R M N L B A S V R P B Y D Y R
B N N U C T Y B N O I L O O U S Y I O E E R L R P A T
O N Y H A N B D V V A A V C F R T M P R G X F A L Y N
E E H N M D E Y I X C M B I S I D Y C S T I V N P E A
R A L U G N A I R T O I Y A V R H O I B T X H I D S E
G U A I T Y C A U P I S U E P I M C R E G A L G O Y R
T O R A D M N X D R V E D F M P B I T C Y P A A S S O
O C L E O F A F L I O T A U L A T G E X O O N M B T G
U S E R A T I O N A L I S E P O E P M C F D O I X N A
H I U F H N B H E G M N X L C O F I O L A M I C E D H
N D Y R R I A C C P T I Y P F G Y N N P N S T D D G T
M O E P R E S R T D S F O B V F G T O R L X A Y D A Y
I L T M M E P X F G P N H Y C T P E G O G E R E L T P
S U I N E D A N O F S I P A P Y U G I E C F R C L U V
V I S D P X E L D E F I N A B L E E R F N O I B D E I
S H O T N C F O E T I N I F S N A R T M O E M T N N C
N Y P R S U T B D Y H X D D N P D S B E M I R P I Y R
E R M H P R L I D M O B N P H L A N I D R A C I L E A
B F O H X X C N C E B V L F E S F A R U O E S X A E H
G R C S O P F F I B O N A C C I T L Y D A V M L L M X
```

ALGEBRAIC
AMICABLE
CARDINAL
COMPLEX
COMPOSITE
COMPUTABLE
DECIMAL
DEFINABLE
EVEN
FIBONACCI
HYPERCOMPLEX
HYPERREAL
IMAGINARY
INFINITESIMAL
INTEGERS
IRRATIONAL
MERSENNE
NATURAL
NEGATIVE
ODD
ORDINAL
PERFECT
POSITIVE
PRIME
PYTHAGOREAN TRIPLES
RATIONAL
REAL
SURREAL
TRANSCENDENTAL
TRANSFINITE
TRIANGULAR
TRIGONOMETRIC

Solution on page 149

I'M NOTICING A PATTERN HERE...

You're looking for all of the patterns below. There's a thing called the "frequency illusion", also known as the Baader-Meinhof phenomenon, which is when something that comes to your attention starts to "pop up" everywhere in your life. So expect to start seeing these patterns all over the place. Banal alert!

T Y Z T I D A A E B D N A H Y O P V K G Y O V F R
E M D I A H R T R P A K A E L G B K A C R Q T F H
I B F N W K K Q E D G R T Q S E R R F E E Y R R G
S H R Y O R I A D V L I S E S E S O U N P H E T W
O R R E B D T I E E N O B G N I R R E H V V C E N
U Z D A M T T F Q B V P R M T H I T T V E W Y A A
T A Y T E H W U I I D S A K D O T G E H E P T N A
H U E R R R I R O K S F D E W U D Z M V Y R E I H
W Y Z R D N E C R S E C F Z A N Y S V K A C A M D
E V K W Q D E O D A T H V C G D K U S T N S T A V
S Q T B A E I A D R E Z R H Q S W R G I Q D A L H
T M P W S M A H G N I G G W U T A L T A W B Y P E
E M L C T B K H L R E E R P C O E U E R E S A R T
R S A A P N A P I A O E A O L O K M S A L S B I G
N L E U R R T V B M T V P L T T T S U M K I M N R
E B H P D O K A E W Q A D K T H W W I T R N W T E
S T W F I Q L T R U U E Z A S E G E F L I Y A H E
E E M Q A R R F T Y A W E D T Z E K H A L L H T K
G Q E H C I T O Y O T T M O Q S G Y C E M E B M K
Y W E S C T I S A P R E A T A R G Y L E O R R C E
D S W Y A L Z Y E K E K K S Z B H K B Z O Y V T Y
M S O K E A A L R B F S U L L H T L H C N N Y K G
C N K U A K T B T O O A R T U U Q C A H A G E R D
W Y E L S I A P Y R I B C G E O T D R D A M A S K
N K E A M D M P Q A L A I H S B E C H E V R O N U

ANIMAL PRINT
ARGYLE
BASKETWEAVE
BROCADE
CHECK
CHEVRON
DAMASK
DITZY
FLORAL
GEOMETRIC
GINGHAM
GREEK KEY
HARLEQUIN
HERRINGBONE
HOUNDSTOOTH
IKAT
LIBERTY
OGEE
PAISLEY
POLKA DOTS
QUATREFOIL
SCALE
SOUTHWESTERN
STRIPES
SWISS DOT
TARTAN
TOILE
TRELLIS

Solution on page 149

GOOD-LOOKING ROCKS

You're looking for twenty-one gems in the grid below. You may recognize something familiar about many of them... For bonus points: Which one is which?

```
N H U X Y Q R I P L S N X A Y L S S T N G I M A I
L C N O D B T C L E E I S E E O B U G E T O T R L
R A R O G E U Z N S R A A A D T R T U N Z R O S L
A E P A E L G R N I L I E T P Q P C X M I H G N Z
G R E O X Q N R B E U R D M U P I S X X E E M C U
S X R O H T R I X G A N N O E Z H O C Y Z R N B Q
T S A M R A O A E P T X I T T R L I O S O H H O Z
R A T S O A N U A G N S R M A L A O R S P I N E L
E T Q E T D Y U R L E C E C T D S L N E E I T A Q
R G C U R G E S G M H X Z D T O O A D E E I G Y M
U M P I A I N A H E A B E R O I U R D A Q H U A T
I H T R B M P C T N D L H L E A E N I R T I C O A
B E N E T P A I D N I O I D T H M D S U B T I D O
C E D U H M N R S G N O Z N S X O T U H U S D R O
T S R X T A D U I A A D T U E N O Y I E A R U Z N
T Z D Y Z C M E H N I S Z Y Q B T O R N R E C G T
O C M N S U X E E R E T G I S I C C G U R N I H X
S G A O D B O R T T X O D B O I P N G T T O P A Z
E T X D I X Y R E H A N I Z U N P U E D T N A A A
E A Z R A M I T S N Y E Z R O G S N A Y D N S Y T
L G A A M C N Z D T T S G I O T P E A I L I T C O
E R O S O Z T H Q I G O T E R M X G I Q A U R T S
S I A Q N I E N O T S N O O M C E I M I U X S N R
T T H E D I R N G T B U T Q Q P O S C N O R D Q S
A I M E P M U A Z B S R Q C B U O N R Q I G E X H
```

ALEXANDRITE
AMETHYST
AQUAMARINE
BLOODSTONE
CITRINE
DIAMOND
EMERALD
GARNET
MOONSTONE
OPAL
PEARL
PERIDOT
RUBY
SAPPHIRE
SARDONYX
SPINEL
TANZANITE
TOPAZ
TOURMALINE
TURQUOISE
ZIRCON

Solution on page 149

YOU KNOW WHO YOU'RE LOOKING FOR...

Where is he? Find him and all of his friends. You may know him by another name depending on where you're from. In fact, he goes by over twenty names - but only the two most common ones are in the grid below.

```
F H D Y M D I I A E Y H A W I
W D B Y A A O I M N H R D A W
M W F O H Y A N M E Y L R E A
M L I D L W E L W A A W A R B
M Y O L H F E W D O W M E B H
L H N A O W E W O A A Y B L N
W I R W W N M L L L L L E D W
A W R R D W E D D N L W T W W
F O F A R W O Y W E W L I L W
W O A L D A A N L I L A H W L
A T O L O L E M L D N N W A L
M B A W O L N M H L D D M A Y
O Y W O W Y W D L A D L W D D
B H W W N H N N L W I A A D D
I I M L I B F A A W W W O W T
```

Solution on page 149

LIKEABLE PHRASES

You're looking for all of these interesting words in the grid on the next page. They all share a unique distinction, do you know what it is? The title of this puzzle is a big hint.

ABSTEMIOUS	LONELY
ACCUSED	MALIGNANCY
ADDICTION	MANAGER
AERIAL	MIMIC
ALLIGATOR	MOONBEAM
AMAZEMENT	MOTIONLESS
BANDIT	NEGOTIATE
BASELESS	OBSCENE
BEDAZZLED	OUTBREAK
BELONGINGS	PAGEANTRY
DAWN	PEDANT
DISHEARTEN	PUKING
EPILEPTIC	RANT
EVENTFUL	RECLUSIVE
EYEBALL	SAVAGERY
FASHIONABLE	SCUFFLE
GLOOMY	SILLINESS
GNARLED	SWAGGER
GROVEL	TIGHTLY
HOBNOB	TORTURE
HOSTILE	TRANQUIL
HOWL	UNCOMFORTABLE
INAUDIBLE	UNGOVERNED
JADED	UNREAL
LADYBIRD	VULNERABLE
LAUGHABLE	ZANY

LIKEABLE PHRASES

A S J Z H H P O I J U X H P L X I Z I P L Q J M I M I C T
S I A B P O G H I S V U U L E O K R E L A D Y B I R D U N
Z N B A G S G L J F M S V X Y G N D B N E E H J L L S N A
Y A N N M T P S I F C U P U U B A E K Y R L N O W M G C R
F U L D O I Q T D G W I E J F N K W L H I A V K W H N O P
A D B I R L F M K T I F T Y T K I E K Y A A G L I L I M Z
S I F T Y E O B S C E N E P E V F T V E L E R H Y C G F N
H B W X L U R S L W H M Z F E B B H R I K B O X T Y N O X
I L H J R Q P S O R E H I P A L A H D A S J V G O E O R D
O E D C R P A M A Z E M E N T R I L A A N U E R G E L T Q
N L E V E N T F U L P G D C D M C P L I W Q L B W R E A N
A O R Y G N A R L E D H A L S B K Y E E S N U C A U B B V
B G Q N G L O O M Y K H O N K H O C T S M I A I E T S L V
L E L B A R E N L U V V V B A Z C Y E M A Y A L L R J E S
E S S O W O Q N X Z A M G V N M A L I G N A N C Y O N J D
T U S A S T C J B U L P H G P O E A N E G O T I A T E C L
H O E D O A F V A S J R N W N S B J T K I N U F C Y W U A
N I N D S G V Q S U M J W E A P X V M P U T M E V C O T U
W M I I E I Y A T F L A H B T M O T I O N L E S S U Y Y G
Z E L C N L I J G S A D F E I R Q A P U K I N G T N R T H
C T L T K L Z U W E Q E G E G U A K V O E B B B L M G M A
V S I I S A N Z F U R D Y G H O E E S T R Q R N G L M C B
Y B S O B R J G A E Y Y A J T C V I H L K E P N H O C I L
V A I N E B H I G D L N U X L H J Z R S A Q R S O U X K E
Y U I A A U H Q O L E F Q W Y M W K X K I W X N S A C L I
I U L N Q M A G N I X B U N G O V E R N E D B E M N K E O
P A G E A N T R Y W C H N P M M S Z F B M E D M D A H V I
S Q P Q F H W J F T R H U H T K L K A C A V S G V N G S F
I L C C H X D V J M F I S C U F F L E M L A V D U Z S S S

Solution on page 150

YOU MAY HAVE SEEN HIM EVERYWHERE

You're looking for ten seemingly-random words. They all have something in common, do you recognize what it is? The title of this puzzle is a hint.

```
I F E V D L D Z I U O T D D W
D G G G U A E Z I D T H A A E
V A A A U O L F B D D D D T W
A V P D O O W G O D H R O N D
F H O G H G T A D T T D G E E
V W I T R I Z E O T O A A D Z
Z A O O O O P D D A H R P O I
I B G I E O U N O N D W A O N
F P L A L G B N G G P P F H O
G D H L B D W V D O V N V L G
T E A R G O L D L E A F N R A
O G O O G R N V Z D R A H I D
D E G D N I D D I Z L L R G N
L I Z A E W L V U T R D A L U
R W R G L F H T D V U A B F L
```

AGONIZED
DOGWOOD
GALLOPED
GEODE
GIRLHOOD

GOLDLEAF
GROUNDER
PAGODA
TANGOED
VAGABOND

Solution on page 150

YOU'VE GOT TO BE KIDDING ME

What do all of these words have in common? This one goes out to all the people having a bad day, bad week, bad month, or bad year. We've all been there in some way or another. Maybe tomorrow it will all turn around. That's a big maybe.

```
E F E G U U E W G S C U L H F
H R S H T B U H G U O D F U F
F E U H G U O T S B H W S U T
H T O H U H D U L G R O R H H
U H H U D G T U U O U L O W E
R G G U G H G O U R O U D G O
R U U L O L H G D U G D H H T
U A B W E T H O G H T B T B H
U D B H L T U H T S H S H O G
H G U A L G H U B U U E G R U
G G A T H G U O R D U C U O A
U B L H T A R H W G O B O U N
R T W A S H T R O U G H F G G
H R U B F R U D G C E G E H G
B E U G H E W H B U O R U O O
```

ALTHOUGH
BOROUGH
BUGHOUSE
COUGH
DAUGHTER
DOUGH
DROUGHT
FOUGHT
FURLOUGH
LAUGH
NAUGHT
SOURDOUGH
THOUGHT
TOUGH
WASHTROUGH
WROUGHT

Solution on page 150

WHERE HAVE I SEEN YOU BEFORE?

There is something about this puzzle that should look familiar to you. Can you figure out what it is? Hint: this and the next two puzzles are part of a bigger picture.

R T O R T U R E R R P I P Q I R T R R I I
O W P Q P I T E U W I E R R O Q E W E W I
I U Y Q Q Q I Y W U Y Y W E U W Q I T W T
P I T E Q R Y O Y O R T U R E T I P O O E
R P I T P R W R E W P W I I W R O Q R P R
E T W O P W R E E T E P P U P U Y R Q P R
T P T I W W P R W I T T W Q T P O E U E I
T P T E U W P I E U R Q R E T E W T E Y T
I T R I P W I R E U T E Y R T E P I R E O
E T E T T I T Q W Y T W Y Q R T Y R T P R
R P U O P W I Y T T R U U Q R T I W E O Y
P R Y U R Y P R E O W I P E R E Q E P P T
E O R W W T R U T I T P T E O U T P R P I
Y U E I U I O E R I O I P O E Q Q Y O E R
I T T T P R T U Q Q R O P W O I R T P R E
I P O Y I O O Y U W R T P W Q T Q Q R I P
E U O P E I T W E P I E Y U Q E E T I Y O
E T R I Q R Y R R I E R E P T T Y R E T R
P T P P O P P I R R U O P T O P P O T Q T
Q E U I Y E E T I I E Q P U Q Q I Y O O E
Y R U E R E P E R T O I R E O W P E R W R

ETIQUETTE
EYEPOPPER
OUTPUTTER
PERPETUITY
PIROUETTER
POTPOURRI
PRETTIER
PRIORITY
PROPERTY
PROPRIETOR
PROTOTYPE
PUPPETEER
REPERTOIRE
REPORTER
REQUIRER
RETORQUE
REWRITER
TERRITORY
TORTURER
TRIPWIRE
TYPEWRITER
UPROOTER

Solution on page 150

I KNOW I'VE SEEN YOU BEFORE...

There is something about this puzzle that should also look familiar to you. Can you figure out what it is? Like I said, the preceding puzzle, this one, and the following one all go together.

```
H F H G H A H G G A G K A F A F G
S K L K A S L A S A L F H S A G K
A A A K H S D A H H A G L H S L K
L L A A L A A H L G S L A A A A A
F A L A A L A S K A L K S L G A S
H L L A S H L A A S L L L A G L L
H L L F L H D F L G L H A H L H F
L A A K S H L A L F A L F A K K F
H L S A L L A A L A L H A F K S A
L A D F K A H H G G D L A A G S G
K F S S L L A L S H F L G A A S L
A A L G S L A A L L H H H D A H S
L A L A H L H L S A D F K H S H H
S A S A S A H S S A H G L A L A A
L A G A G K A A L S A A L A S F S
L F F H H L K A A S L S G H H S G
S S D D G L S S L A G G S F A A G
```

AHAS	FLAK	GLASS	SALAD
ALAS	FLASH	HAGS	SALSA
ALASKA	FLASK	HALAL	SASH
ALFALFA	GAFF	HALF	SASS
ALGA	GAGA	HALL	SHAH
ALGAL	GALA	HASH	SHALL
DASH	GALL	LASH	SLAG
FALL	GASH	LASS	SLASH
FLAG	GLAD	SAGA	

Solution on page 151

THAT'S IT!

Okay, by now you must have figured these three puzzles out! If not, then consider this one the final hint...

B V M Z B X V X M N N C Z M V B M
V C N V M Z X Z M X C V N C Z X B
N C B M V Z X X V B M N M N C Z M
N Z Z Z M Z V N X C V C Z B V V M
V X V C N N X B C B Z X C C X M N
V V B M X N N B C Z Z X X M C N N
C V C B M N Z C M N V X B Z X C N
N N C Z Z C X V X Z C V Z N N M M
N N M C M N V N C M M M Z Z B C X
M B X B V M Z C M Z V N V Z V V N
C Z M N B B B V N M C B N C N B B
B B B X M M N M X X C M V B X X Z
B N N N B V Z N Z N X B V M C X M
N V C V M M M C X B C V X V V Z C
M M M C B C Z N X V M B Z C C X X
M Z V N N C N M C X N C V Z X N V
M M N X V X V Z V C X C X B N B Z

Solution on page 151

A REAL SNOOZEFEST

You're just looking for a bunch of cool words that start with Z. Do you know what they all mean? For bonus points: Which language spoken by over fifty million people uses the most Z's?

```
I Z D H Z Z O O P L A N K T O N P
O T D N I T D O I Y C T Z Y L M K
R E I P O K Z Z Z O O M G I I W O
O Z P Z E E G P Z I H O Z W N Z K
E E D B P C R G E Z L I B I S E I
R Z G H B Z E A L O T L Z L A O I
I I Y N Z D K D O Z T W I Z Z I Z
O R U Z I Z Z Z W I O Z E O U N A
L A E Z I Z Y K Z Y Z N D K N I I
I Z Z I G N P G Z H I A E Z T H N
O E H P K N C Y O T M Z H A L C O
Z E P P E L I N H T I I R N C C C
B I H Y Z O M B I E E B T Y A U R
Z I G G U R A T W I E S W I D Z I
S T E N U Z E R O Z E T D L O I Z
M Y G R U M Y Z Z Z W O H C L I Z
Z U G Z W A N G Z Z Z B K K G P C
```

ZANY	ZEST	ZIPPY	ZOOPLANKTON
ZEAL	ZIGGURAT	ZIRCONIA	ZUCCHINI
ZEALOT	ZILCH	ZITI	ZUGZWANG
ZEBRA	ZILLION	ZODIAC	ZYGOTE
ZENITH	ZINC	ZOMBIE	ZYMURGY
ZEPHYR	ZINE	ZONE	
ZEPPELIN	ZING	ZOOLOGY	
ZERO	ZIPPER	ZOOM	

Solution on page 151

WHAT DID YOU SAY?

You're looking for thirty-one words that all share an interesting distinction. Can you define all of these words and figure out what it is? For bonus points: One of these words you've looked for in a previous puzzle, do you recognize it?

T M M B Z I C V E P U R T J F M F E S J T
T N A F I G M P B D R M B N P V F R Z S S
I L A L B V J L R J E O E A X I L S R T F
D E T I I C I N O R I L Z T A O H T R G A
E E Z Z R E L N L M L O L N U S P A E R C
I I G S R U D L P L E G I E I F V U L I T
D A E R E I X E Y H O N E C P E E Y B Z O
G I T R L G A U J Y P S T I S M T R A Z I
A R S E H C F N L E F R R T L I O A M L D
E N M I H S B A R T E R Y E M E R C M Y A
T M N O N P L U S S E D E R G O E B A H T
A F T D E T S T N G P G O G H T B L L C C
M P I O O E E Z A T U N O T U O V I F I H
I M O T R I C R R B E T E C E L T A N R R
T E O I N T D O E X P L O S U E A T I B O
L U S F S L U Z O S P R E Y R N J R J Z N
U R E A E O A O O I T R C A I I E N L E I
N R A S L T N R U C U E L A X N O V E Y C
E V S J X D N O E S A L D A I O Y Z Z S E
P D N I A P E L U S Y F O R T U I T O U S
T F T S B B E M U S E D U E T I D R S V U

AJAR
BARTER
BEMUSED
CHRONIC
COMPELLED
DILEMMA
DISINTERESTED
ELECTROCUTE
ENORMITY
FACTOID
FORTUITOUS
GRIZZLY
HONE
IMPEACH
INFER
INFLAMMABLE
IRONIC
IRREGARDLESS
LIED
LITERALLY
LUXURIANT
NONPLUSSED
PENULTIMATE
PERUSE
PLETHORA
POISONOUS
REFUTE
REGULARLY
RETICENT
TORTUOUS
TRAVESTY

Solution on page 151

EXPIRED LICENSE

You're look for thirty more words that all share an interesting distinction. Can you figure it out? Do you see it?

```
W D J H B R E C E I P T G U O C R K C
D A E R F H H I D E G Y S B D A O O D
H J E H O T B G E S K F D T P L D N C
R S M S C I E N C E D R P P E L I M E
O A E P G P J U E D G N O R W E D U N
S O P B T W L C D E N R H N Y E W S B
E S O O E I N U G F T E O I S N C C M
T G M D S U S M M T L E C I F K E L A
M B S U B T L E P B A W G S Y C S E L
E T W G U M L F G S E N D B A U G O N
M O R T G A G E T N E R B S W R I T E
Y N D T R M Y H W L C G T J B I P F P
S M Y J B W M Y T H O D O T L C R R O
S U C L W A M S O G R M W S E S T L E
E L A N C H O R E O S W R E S T L E I
U O W J Y J D D W H E T A N I C S A F
G C E T B G P S P S Y C H O L O G Y D
F O T O P E D T R A C I E H B A I R J
B U P S T D S E M O S D N A H Y G S I
```

ANCHOR
APOSTLE
ASCEND
ASTHMA
BUILD
CHORD
COLUMN
DEPOT
DESIGN
FASCINATE
GUESS
HANDSOME
HONEST
JOSTLE
KNEEL
LAMB
MORTGAGE
MUSCLE
PLUMBER
PSYCHOLOGY
RAPPORT
READ
RECEIPT
SCIENCE
SUBTLE
SWORD
TOMB
WRESTLE
WRITE
WRONG

Solution on page 152

WHAT CREAKS

You're looking for thirty-two words that again have an interesting characteristic in common. Can you figure it out? For bonus points: Do you know what the title of this puzzle refers to? Here's a hint: It's very obscure, and from an interview.

```
K D H G N T K F E R U A F H T P E D B
S D N U O W H F G R O E M W E C C Z L
O E O P M L T X N R G C U H H T S F U
S E U B K Z D E A T G A L G F Z M C B
H D O E A O A K L S O X S T N F T H P
R E Z T F B E C F G U B E P T W T L I
D F L G L L R E O N G O V K U M L S E
T L C N I I B H B O E G L G R M W X R
W U R S Z G O E D M L Z O A C S A S C
T G O D O E K P E A A T W M G T L T E
F N R G S N F G S B O W H I L S T P D
D E Z N O R B D P P W O Z N T G Z L E
W H F W Z K D R M M C I M P F N E U R
L T N H D E M L I F N Z R P D A D C H
E S O T H O L D L N O E O B H Z L S M
T I U O L V S V G I C G N I O B D S B
A W O D D T U T N X R M Z E T N L O E
F L O W S G F B E E C R A C S S Z C H
W O R L D S P R O M P T S B L O F L N
```

AMONGST	DOTH	MIDSTS	UNBEKNOWNST
ANGSTS	ENGULFED	OBLIGE	WALTZED
BOING	EXCERPTS	OOMPH	WARMTH
BREADTH	FALSE	PIERCED	WHILST
BRONZED	FILMED	PROMPTS	WOLF
BULB	FLANGE	SCARCE	WOLVES
COOLTH	GLIMPSED	SCULPTS	WORLDS
DEPTH	GOUGE	SPOILT	WOUNDS

Solution on page 152

MS. SANDIEGO WAS JUST HERE

These are the twenty world capitals with the largest populations. You'll notice that Washington DC isn't here – America is one of only thirty-five countries whose largest city by population is not its capital. And within America, only seventeen states have a capital city that is also its most-populated. For bonus points, can you rank the top ten world capitals below by population? Here's one to get you started: Dhaka, in Bangladesh, is number ten.

BAGHDAD
BANGKOK
BEIJING
BOGOTÁ
CAIRO
DHAKA
HANOI
HONG KONG
JAKARTA
KINSHASA
LIMA
LONDON
MANILA
MEXICO CITY
MOSCOW
NEW DELHI
SEOUL
SINGAPORE
TEHRAN
TOKYO

Solution on page 152

ALL THE MONEY IN THE WORLD

This is the last of the three two-pager's in the book. Here, you're looking for what most people are looking for in life: money. Find all of these currencies in the grid on the next page. For bonus points: Can you correctly guess, within one-hundred million dollars, how much US currency is in circulation? That means all physical cash, including both paper notes and coins.

AFGHANI
ARIARY
BAHT
BALBOA
BIRR
BOLIVAR
BOLIVIANO
CEDI
COLON
CORDOBA
DALASI
DENAR
DINAR
DIRHAM
DOBRA
DOLLAR
DONG
DRAM
ESCUDO
EURO
FLORIN
FORINT
FRANC
GOURDE
GUARANI
GUILDER
HRYVNIA
KINA
KIP
KORUNA
KRONA
KRONE
KUNA
KWACHA
KWANZA
KYAT
LARI
LEK
LEMPIRA
LEONE
LEU
LEV
LILANGENI
LIRA
LOTI
MANAT
MARK
METICAL
NAIRA
NAKFA
NGULTRUM
OUGUIYA
PA'ANGA
PATACA
PESO
POUND
PULA
QUETZAL
RAND
REAL
RIAL
RIEL
RINGGIT
RIYAL
RUBLE
RUFIYAA
RUPEE
RUPIAH
SHEKEL
SHILLING
SOL
SOM
SOMONI
SUM
TAKA
TALA
TENGE
TOGROG
UNIDAD DE FOMENTO
VATU
WON
YEN
YUAN
ZLOTY

ALL THE MONEY IN THE WORLD

I Y F R N Q G A W K W G V U O C T Z K B W M A Y R J X G L

O F B U T A W Q C G F V S B T R B H R E X O P E S O N Z B

D F U A M K O C M A V X T Q E A O F A Z U S T C A I U O R

N A I R A A D T S Q T I D M R Q V E L B N R Y Y L D T M C

B Z I P W T U C K I N A R A U G W K A T S T O L U N E W V

Z U D N O X C T S N N O P W Q O A I M A H R I D E G B F Q

M W M Y A Y S G U X X D P S H P H N Y I Z H B M N Y F O M

C M M N Q H E O T U E X E P M G O A F A S L O E E R F E Q

R Y Z L A W G Z H N T I O I D O L L A R E F T N A A T J P

D B P E I M H F O J U U T W O Z R G C K E K Y N Z I M Y A

O I V U N A Y E A L N A Y I U G U O E D M G C R C R A B U

I N E G N A L I L D Q Y N E F X R H D J H J M A X A R I L

G K B A L B O A X K W A N Z A D S A I L S S L X T R K F A

K R R A E F T V E K C Q L S O B D R U F I Y A A H F L S Z

J O B I A P Z F T S D A J B M I E U I N D F Y C V A H F T

Q N W T C B O Q G E L R A I N P B O R U P E E E S Q Z G E

Z E R G O B U X U A L X I U B O L I V I A N O Q L O N W U

C R U U K W W A T J P B C N A F O R I N T A G I T O L B Q

E B P I G Q J W L X Q X U I G L Z N Z N P K T M D K U N A

I Q I L A R P E D R U O G R T G U L E N L F R I A L P F V

H G A D U W E Z F H F O R D G U I P O X D A I W Q R Z I M

K L H E J F H B X L R X M A H J N T A T X R R Q I A X U K

J O J R A Z W P E G O E P E N G T N Q Y Y Y A S S N S S R

C E R T Y G K W O B P R P L U D O C L U Q Y V M A I K X E

O Q U U R V N T L N R V I L A R I A A A G R I E L D H E A

L H D A N L N A C I S N T N K J K N Y R K R L U A E K M L

O R N C K A N I A P L R A Q V O Y Q I B L I O H D W R B E

N E K W A C H A A P U B V R C H A P R O P B B S O M O N I

D I M A N A T L E M P I R A I W T K A D T U K N T F Z H S

Solution on page 152

AFI'S TOP HEROES AND VILLAINS

You're looking for the top fifteen film villains and heroes, as ranked by the American Film Institute. AFI calls my two favorite heroes villains! For bonus points: Do you know what movie(s) each one of these characters are from?

```
T S E W E H T F O H C T I W D E K C I W E H T V S
W M K G S C W P H Y L L I S D I E T R I C H S O N
D D Z L Q G J P Y X I W B G O R I C K B L A I N E
R F U T X B P Q R P S E N O J A N A I D N I O B G
H X Y N L N F W T O R S T E R Z U G I B H K T F O
A L E V O S A H A S C X R R I L V O Y W C Q L B T
N S L S H R E M T W D K K H V L J P K R N B N N G
N E I B G Q M C O J Y U Y S K X A N F M I E B F E
I T A Y U H X A N N W D E B C X G E I D F C W G E
B A B E B O Z J R E G V N S A A H C H T S Q Y N J
A B E B O S R U S A R O A F F L H A P T U R H I R
L N G Q R K E T U Q E W E A F A B J H M C J A L J
L A R U S A D G W A V W A T E I D O A H I H N R D
E M O W Y R A E P R L U E L H C N N A R T M S A L
C R E N Z S V W C I R E C B E R O V O E T L O T I
T O G E I C H K I D N O X Y S T B N S T A J L S E
E N Y D A H T Z O L R U A D V T S A I T M P O E N
R Y E L P I R N E L L E Y V E W E D N O J H H C C
U E A R V N A A E J Z K Y H J L M R T P E B T I A
Q H E W O D D O G E N Q A A A W A Q Y R U A M R M
L E S K T L N F D M J W U N M L J R W M O Q T A N
M K J T S E R R O F X E L A E L 9 A G R S L C L A
E E P H H R Y U D P X H Y E L Q I 0 Z E B E I C G
M B Q D E H C T A R E S R U N G Q B 0 Y R A W E E
J E F F E R S O N S M I T H D X T Q H 0 O A M O R
```

ALEX DE LARGE
ALEX FORREST
AMON GOETH
ATTICUS FINCH
CLARICE STARLING
DARTH VADER
DR. HANNIBAL LECTER
ELLEN RIPLEY
GEORGE BAILEY
HAL 9000
HAN SOLO
INDIANA JONES
JAMES BOND
JEFFERSON SMITH
MICHAEL CORLEONE
MR. POTTER
NORMA RAE WEBSTER
NORMAN BATES
NURSE RATCHED
OSKAR SCHINDLER
PHYLLIS DIETRICHSON
REGAN MACNEIL
RICK BLAINE
ROCKY BALBOA
T. E. LAWRENCE
THE ALIEN
THE QUEEN
THE WICKED WITCH OF THE WEST
TOM JOAD
WILL KANE

Solution on page 153

ALEXA'S TOP 20 WEBSITES

These were the top twenty most-visited websites on the internet in the fall of 2018, according to Alexa.com, a company founded in 1996 that has grown to be one of the biggest names in web analytics. How many of them do you recognize? Many of them you'll probably never have heard of, despite them being the biggest websites in China. Alexa's own website ranks at a measly ~3400...

P B A E T K I I Y O U T U B E

N A J T S I O T A F I A H J T

L T I Y A I D O C M A Z N Y K

Q T N I G O N D B W A A T 0 A

W Q G E O D B S E E S Z 6 T T

N C D E O N A A T R C 3 O Q N

A E O T G N J W O A T A E N O

A O N W L I J T N E G M F V K

N N G R E T T I W T E R A C V

N C I T W I K I P E D I A L Z

Y N T S E I B E C B R J O M L

O O Y A H O O O A N T C N U O

I I I L I W D I Z U H O S N I

Z M O A L C D O T U D T A M N

B S O B M U C L B I O L I V E

360
AMAZON
BAIDU
FACEBOOK
GOOGLE
INSTAGRAM
JINGDONG

LIVE
QQ
REDDIT
SINA
SOHU
TAOBAO
TMALL

TWITTER
VKONTAKTE
WEIBO
WIKIPEDIA
YAHOO
YOUTUBE

Solution on page 153

LAUGHING MY ___ OFF

You're looking for all nine of the four-or-more-letter words that can be made using any number of letters in the popular internet acronym LMAO. For the sake of the children I won't go into detail about the meaning of the acronym, but if you know it, fill in the title of this puzzle! The word list is in alphabetical order.

```
L A O A L M O O M A O
A L M O M M L O L L L
A O A O O L A O L L L
M M A L A M O A A M A
O A M L A M L O M A M
M O M O A O M M A M A
A M M M L A A O M L A
L A O L A M L O M O L
O M M O O L L M O M L
A A L A O O M O O A O
M M M L A M O L A O M
```

_ _ _ _ _	_ _ _ _
_ _ _ _	_ _ _ _
_ _ _ _	_ _ _ _ _ _
_ _ _ _	_ _ _ _ _
_ _ _ _	

Solution on page 153

VALLEY OF THE DOLLS

These eight words that you're looking for all share a very interesting and rare characteristic. Do you see it? For bonus points: Define all of the words!

D	D	B	A	B	N	I	M	A	P	L
B	R	I	U	A	S	Y	D	T	A	M
D	E	X	A	T	B	R	A	N	D	Y
M	S	Y	R	S	T	R	U	Y	R	E
Y	A	E	C	N	T	E	M	D	B	Y
R	R	X	X	B	U	R	R	O	W	N
R	E	T	I	E	N	B	W	Y	L	E
L	S	P	N	M	L	E	T	S	A	P
M	E	W	A	E	A	M	P	O	L	E
A	R	E	Y	C	U	L	E	R	B	E
R	E	T	T	E	R	R	A	B	W	M

BARRETTER
BRANDY
BURROW
BUTTERY
CAPER
ERASER
MAXIMAL
PASTEL

Solution on page 153

ROTTEN TOMATOES

You're looking for twelve random words. Notice the shape of the grid? Each row is hiding something. Can you figure all eleven of them out? The title of this puzzle is a hint.

```
P E T T S U S S U C H E S U L A
X H C R I S E O M A N I A R T Y
N K O W C G A C E A R O R O L K
F R U I R M E M D E Q A A O R E
L E I W A A R F A R O E C B N A
T W L L E O O E E L B I B R H D
R E T P H O T E A S F A W R G H
D E I P S S T O E C O E A T D Y
N H H Y R S O R B E T T N O W T
T E E S L M L A T F E O H C A N
T E S E N I H A O W O T C L R K
```

AMASS	SHEAR
BIBLE	SIRE
BOOR	SORBET
MALT	SPIED
NACHO	STEER
REACT	TOTE

Solution on page 153

NOAH'S ARK WAS BIG I

These next five puzzles each feature ten different animals with five-letter names. The world is filled with so many more living things than we could have ever imagined, with scientists still discovering thousands of new species every year. Most of them are bugs. Some estimate that over 80% of all the species on the planet have yet to be discovered! That figure excludes the possible trillions of types of bacteria...

O	F	E	O	K	A	P	I	Z
H	T	R	H	A	L	A	G	T
Y	E	T	A	K	S	T	Q	R
R	P	V	E	Z	Q	I	U	Y
A	Y	K	N	R	U	G	O	B
X	B	R	O	S	A	E	L	L
G	O	O	S	E	I	R	L	I
W	O	T	I	S	L	Z	K	B
U	B	S	B	T	E	R	G	E

BILBY	OKAPI
BISON	OTTER
BOOBY	QUAIL
EGRET	QUOLL
GALAH	SKATE
GOOSE	STORK
HYRAX	TIGER

Solution on page 154

NOAH'S ARK WAS BIG II

L	P	Z	M	O	U	S	E	H
J	L	K	N	U	K	S	S	Y
C	R	A	N	E	Q	L	T	E
E	O	M	M	K	V	A	I	N
P	O	A	S	A	P	I	L	A
I	T	A	K	I	N	R	T	M
N	O	I	R	U	B	U	W	T
S	P	W	H	C	N	I	F	X
F	O	S	S	A	U	Q	A	N

CRANE
FINCH
FOSSA
HYENA
LLAMA
MOUSE
POTOO
SIBIA
SKUNK
SNIPE
STILT
TAKIN
TAPIR
URIAL

Solution on page 154

NOAH'S ARK WAS BIG III

N	K	H	E	R	O	N	W	S
N	E	V	A	R	P	V	H	T
X	G	S	I	A	E	A	D	N
E	A	B	N	L	R	M	H	I
S	I	D	A	K	O	O	T	T
U	A	N	D	M	G	O	O	S
O	D	E	K	A	N	S	L	K
L	E	M	U	R	I	E	S	T
C	K	Y	J	Y	D	L	R	A

ADDAX
DINGO
ELAND
HERON
LEMUR
LOUSE
MOOSE

ORIBI
PANDA
RAVEN
SHARK
SLOTH
SNAKE
STINT

Solution on page 154

NOAH'S ARK WAS BIG IV

T	V	S	M	A	C	A	W	J
A	O	H	G	E	N	E	T	D
Y	T	E	B	R	H	V	Q	O
R	E	E	E	S	K	I	N	K
A	V	P	E	H	O	H	A	C
S	I	R	O	L	A	A	M	E
V	C	J	J	E	L	N	U	G
R	A	C	E	R	A	Y	H	N
O	R	R	O	Z	W	M	C	J

CIVET
GECKO
GENET
HUMAN
KOALA
LORIS
MACAW
MYNAH
RACER
SHEEP
SKINK
TAYRA
VIPER
ZORRO

Solution on page 154

NOAH'S ARK WAS BIG V

W	F	B	T	E	S	R	O	H
E	I	A	A	L	A	Y	N	C
A	R	L	U	E	E	T	G	R
G	P	O	I	M	A	F	R	A
L	I	C	A	A	H	I	E	K
E	T	C	O	C	N	W	B	E
J	T	S	E	B	H	S	E	H
G	A	E	N	A	R	B	E	Z
T	L	D	I	H	P	A	K	Q

APHID
CAMEL
COBRA
CRAKE
EAGLE
GREBE
HORSE
LEECH
NYALA
PITTA
ROACH
SNAIL
SWIFTY
ZEBRA

Solution on page 154

HOT AIR BALLOON

The final puzzle in this book has you searching for what everyone is truly searching for: happiness. Actually, HAPPINESS isn't anywhere in this puzzle, but forty synonyms of HAPPY are. For bonus points: There are five phrases hidden in the grid that are also ways to express happiness, can you find them?

```
C A P T I V A T E D D D D E Y O J R E V O
T N R O H L U F E C A E P O R A D A H N R
T H R I L L E D U D L H G I M T G I I E U
D F G V A U N V E I G X V Y T G N A P D J
M U H I C F I T J C X Y S N B T L P T E R
L E Y O L R N B V M L T A L O P I D G T I
I D R C X E D X L I G S I X M H H E N A A
Y G S R T E U R V E A S I O C T Y L I L N
E A U N Y H O E D E S C C E G A K I L E O
E J O J A C L E L F A T L G J E R G K P G
K C Y P N Y C P U T N A B E N B E H R L N
N O O Y M N N L E A I H J M X P P T A U I
I G J N A E O D C V T C G O I U S E P F K
P R P A T L G I I Y L N I I L R L D S Y L
D A B B K E A V O E L U A T H L T T J O A
E T G L U I N U C P J U F L A G Y H A J W
L I F E I O P T G E K V F E I T N N F N B
K F V S C T V E C H I R P Y E B S I N U T
C I B S G E H K P P I S S C A L U C Y U L
I E A E J H V E O P A N T X R L G J E L S
T D R D E S A E L P Y C G Y M U P K D H F
```

BLESSED	CONTENT	GLAD	LAUGHING	PERKY
BLEST	CONTENTED	GLEEFUL	LIGHT	PLAYFUL
BLISSFUL	CONVIVIAL	GRATIFIED	LIVELY	PLEASANT
BLITHE	DELIGHTED	INTOXICATED	MERRY	PLEASED
CAPTIVATED	ECSTATIC	JOLLY	MIRTHFUL	SPARKLING
CHEERFUL	ELATED	JOYFUL	OVERJOYED	SUNNY
CHIPPER	EXULTANT	JOYOUS	PEACEFUL	THRILLED
CHIRPY	GAY	JUBILANT	PEPPY	UPBEAT

Solution on page 154

THANK YOU

N R K B T A R Y K Q M X G C E
I P O S E Z E G T Q Y P W N C
L R S H E R Y N M T Z Q A H D
T J E I P V R S M P E V M P Q
I N I C O L L E T T E B I L P
A W A Y J Y L U Z S O R D H X
C A C A S L I C W E S C F R T
Q W F K O Q E P B M Z I J N F
E H J A E D K U Q U O A D A M
F S J R U W V K G Q N S B Z X
Z V S E G X L H F I R X U W V
H W H E Z Y P P E B M A K K P
O Q I M W S S E S K Y Z A C T
J R U L P N R P M N E Y S H M
U J M T L P S S L D H P L K B

THE SOLUTIONS

MOST _______-__ WORDS OF 2017

```
U G U H Y G Y Z Y S R Y L
M S I N I M E F H R L E A
A T L D E D I U F E M F E
Y R I T F I R C I S E R L
H Z E C M R C L I G R D I
T E I A I R I L U H E G F
A E Y C H L A O R Y G U D
P R A E E R P E H E A R F
M N T F E S C M F T A O E
E D N D E U S F O T H I R
S R E L S N A D O C H R N
Y F L E F G N D N M H N S
R D Z T E C E Y Y M I T Z
```

These are the most "looked-up" words of 2017 from Merriam-Webster's online dictionary!

ACTORS AND ATHLETES

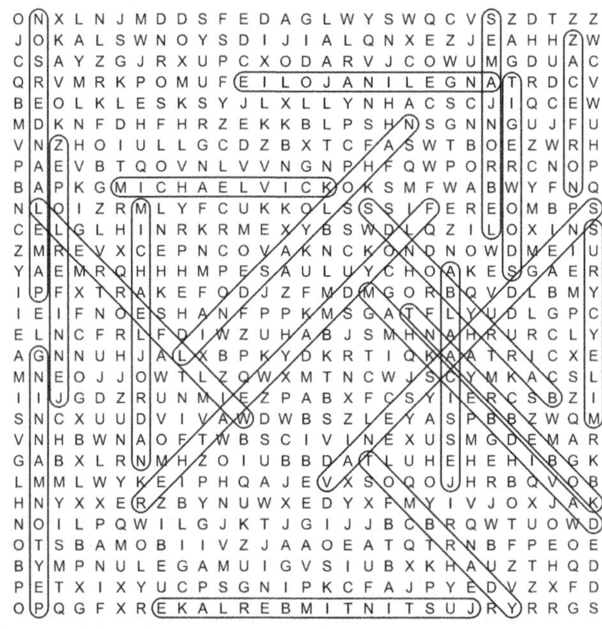

These were the most Google'd actors and athletes of 2017!

MORE ACTORS AND ATHLETES

These were the most Google'd actors and athletes of 2017!

THE 100 ____-______ WORDS

```
T H E B E T O O F A N D A
I N T H A T H A V E I I T
F O R N O T O N W I T H H
E A S Y O U D O A T T H I
S B U T H I S B Y F R O M
T H E Y W E S A Y H E R S
H E O R A N W I L L M Y O
N E A L L W O U L D T H E
R E T H E I R W H A T S O
U P O U T I F A B O U T W
H O G E T W H I C H G O M
E W H E N M A K E C A N L
I K E T I M E N O J U S T
H I M K N O W T A K E P E
O P L E I N T O Y E A R Y
O U R G O O D S O M E C O
U L D T H E M S E E O T H
E R T H A N T H E N N O W
L O O K O N L Y C O M E I
T S O V E R T H I N K A L
S O B A C K A F T E R U S
E T W O H O W O U R W O R
K F I R S T W E L L W A Y
F V F N N F W W A N T R F
C A U S E A N Y T H E S E
G I V E D A Y M O S T U S
```

The grid is made of the 100 MOST COMMON words in the English language:
The, Be, To, Of, And, A, In,
That, Have, I, It, For, Not,
On, With, He, As, You, Do,
At, This, But, His, By, From,
They, We, Say, Her, She,
Or, An, Will, My, One, All,
Would, There, Their, What,
So, Up, Out, If, About,
Who, Get, Which, Go, Me,
When, Make, Can, Like,
Time, No, Just, Him, Know,
Take, People, Into, Year,
Your, Good, Some, Could,
Them, See, Other, Than,
Then, Now, Look, Only,
Come, Its, Over, Think,
Also, Back, After, Use,
Two, How, Our, Work,
First, Well, Way, Even,
New, Want, Because, Any,
These, Give, Day, Most, Us

IN GOOD COMPANY

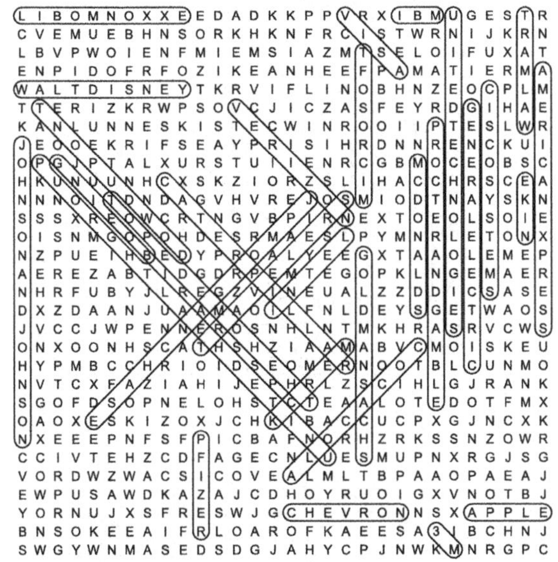

These were the thirty companies that, as of the beginning of 2018, made up the Dow Jones Industrial Average, which most people know as "The Dow Jones": the most well-known (despite its terrible math) stock market index. In June of 2018, during its "fall from grace", General Electric was replaced by Walgreens Boots Alliance. I thought that was such an ugly name for a company, so I left General Electric in.

THIRTY NAMES

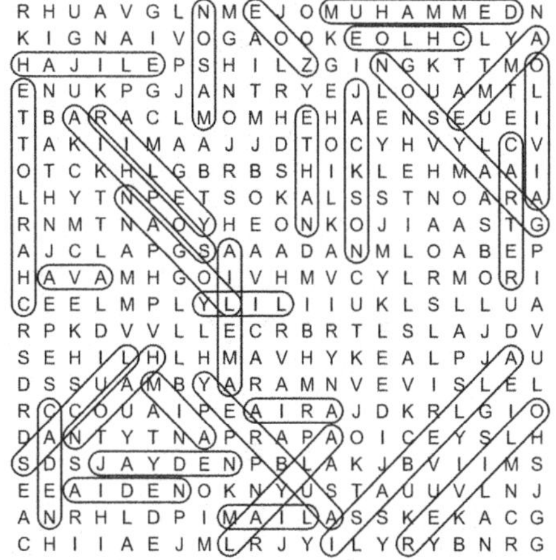

These were the thirty most popular baby names of 2017, fifteen boys' names and fifteen girls' names!

THIRTY MORE NAMES

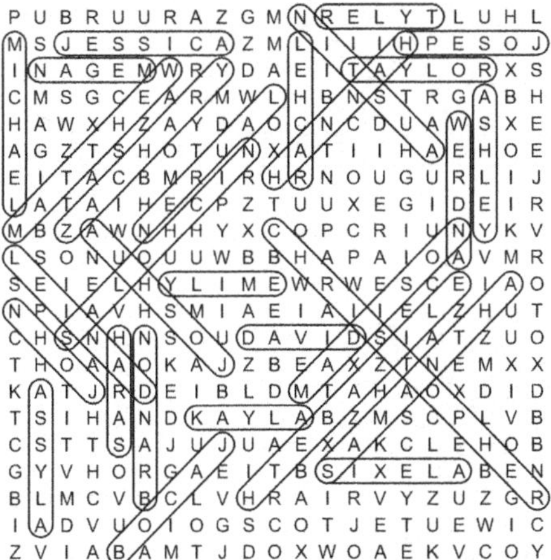

These were the thirty most popular baby names of 1997, fifteen boys' names and fifteen girls' names!

THIRTY -MORE- NAMES!?

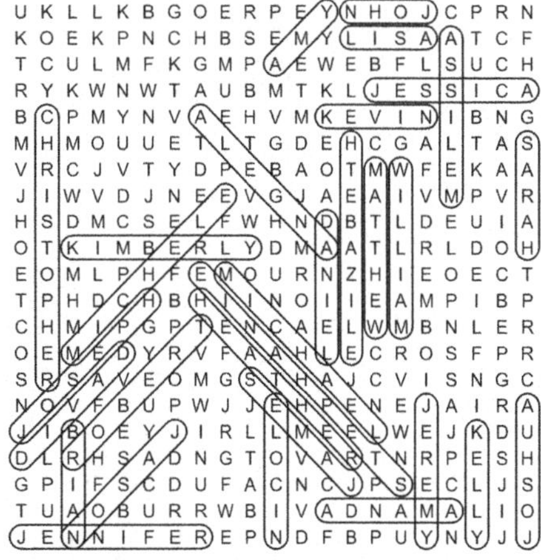

These were the thirty most popular baby names of 1977, fifteen boys' names and fifteen girls' names!

THIRTY RANDOM WORDS

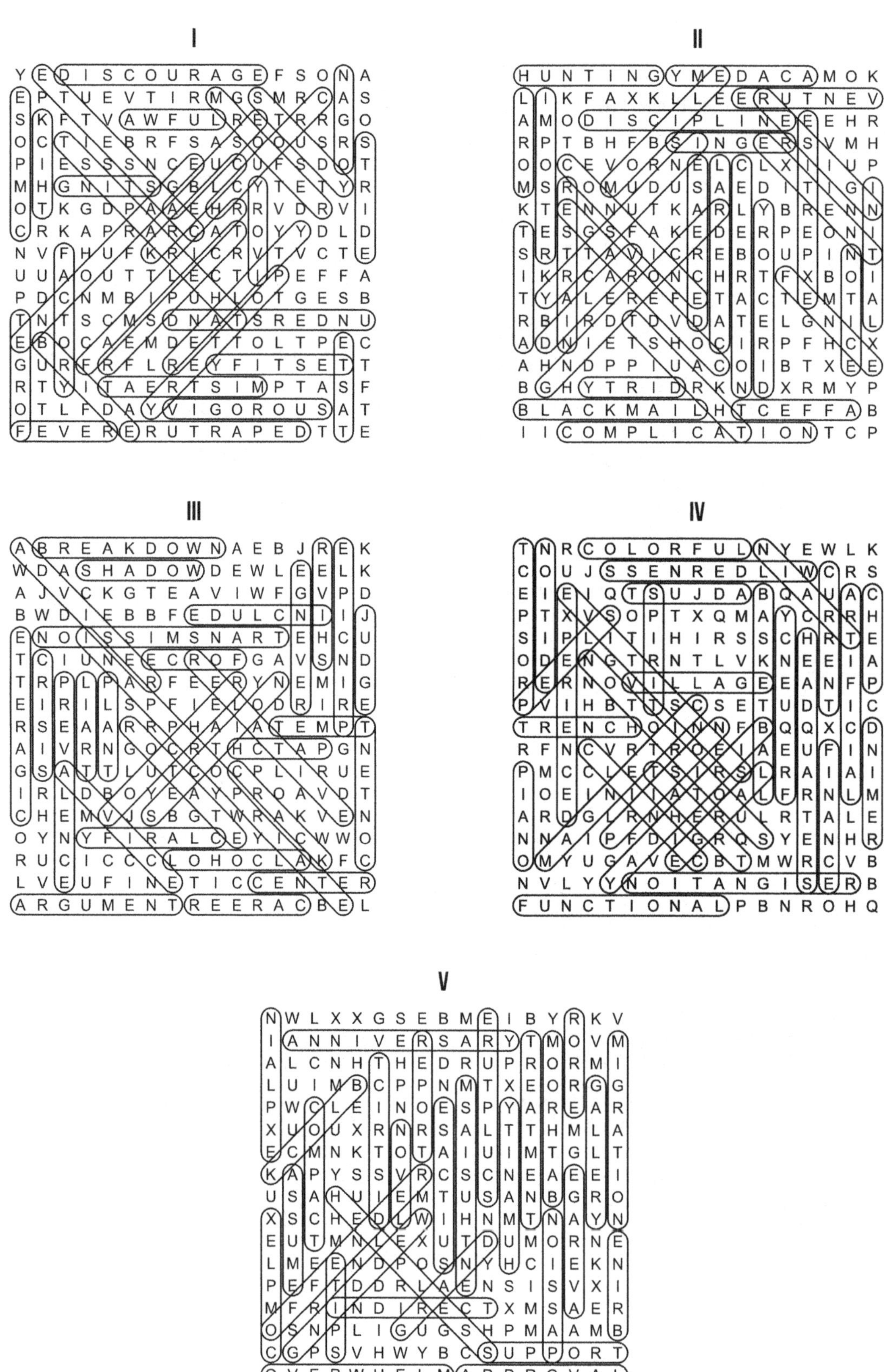

THE FIFTY STATES

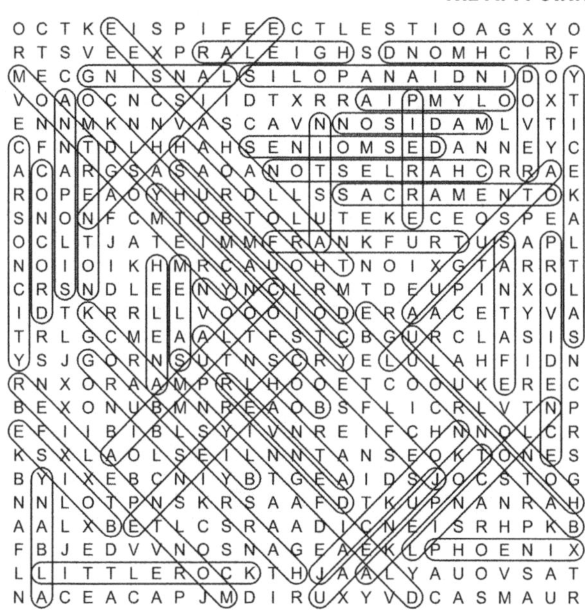

Albany, New York
Annapolis, Maryland
Atlanta, Georgia
Augusta, Maine
Austin, Texas
Baton Rouge, Louisiana
Bismarck, North Dakota
Boise, Idaho
Boston, Massachusetts
Carson City, Nevada
Charleston, West Virginia
Cheyenne, Wyoming
Columbia, South Carolina
Columbus, Ohio
Concord, New Hampshire
Denver, Colorado
Des Moines, Iowa
Dover, Delaware
Frankfort, Kentucky
Harrisburg, Pennsylvania
Hartford, Connecticut
Helena, Montana
Honolulu, Hawaii
Indianapolis, Indiana
Jackson, Mississippi
Jefferson City, Missouri
Juneau, Alaska
Lansing, Michigan
Lincoln, Nebraska
Little Rock, Arkansas
Madison, Wisconsin
Montgomery, Alabama
Montpelier, Vermont
Nashville, Tennessee
Oklahoma City, Oklahoma
Olympia, Washington
Phoenix, Arizona
Pierre, South Dakota
Providence, Rhode Island
Raleigh, North Carolina
Richmond, Virginia
Sacramento, California
Salem, Oregon
Salt Lake City, Utah
Santa Fe, New Mexico
Springfield, Illinois
St. Paul, Minnesota
Tallahassee, Florida
Topeka, Kansas
Trenton, New Jersey

SIX-LETTER SEÑORITA'S

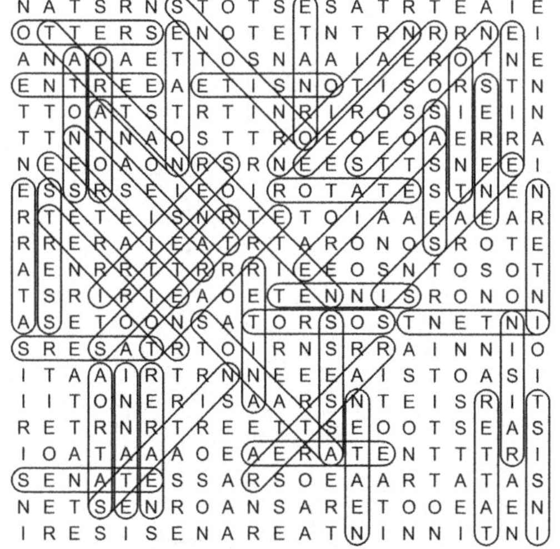

The eighth and ninth most-common letters in the English language, depending on who you ask, are R and H – each with a frequency of around 6%...

THE 88 MODERN CONSTELLATIONS

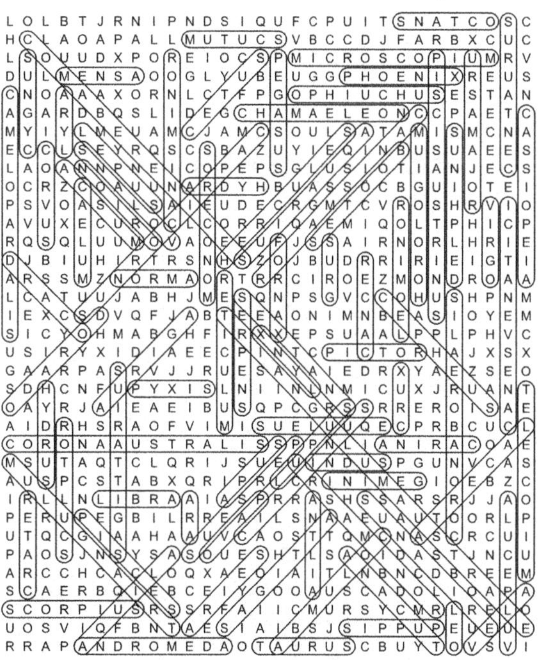

If you connect all of the Z's properly, you will see Ursa Minor – known by most people as The Little Dipper.

LEARNING YOUR A-B-C-D-E-F'S

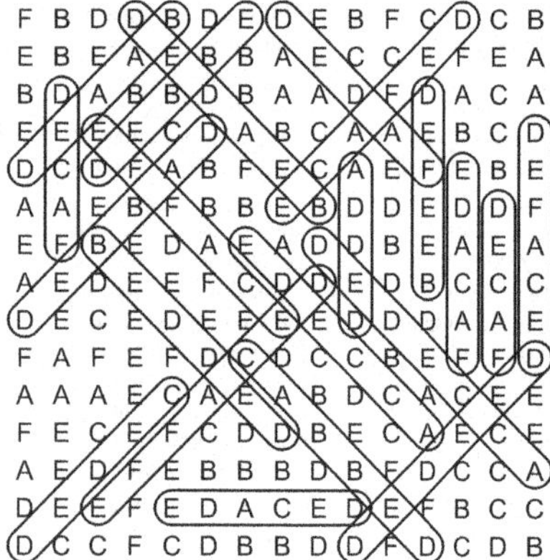

THE NFL TEAMS

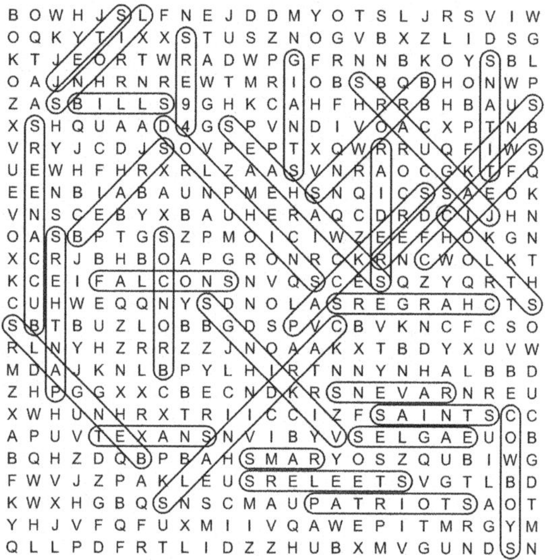

The Bengals, Bills, Browns, Cardinals, Chargers, Falcons, Jaguars, Lions, Panthers, Texans, Titans, and Vikings have never won a Super Bowl. And if you're a fan of the Browns, Jaguars, Lions, or Texans it's extra sad because those four teams have never even made it to the Super Bowl. No fan feels the exquisite pain of a Bills fan: They reached the Super Bowl four times in a row in the early 1990's and didn't win any of them.

PARROTED PAINTERS' PERTNESS

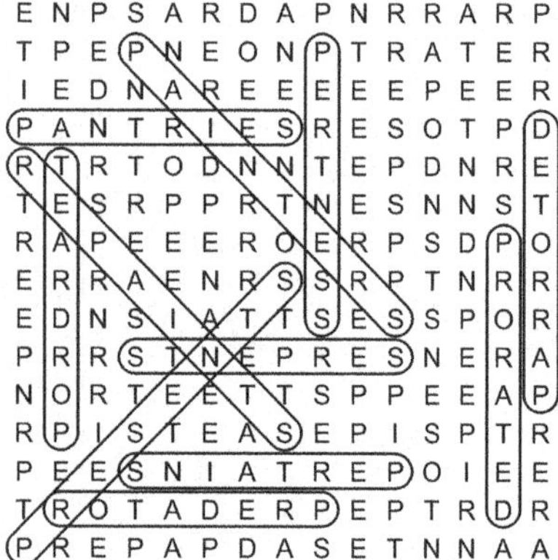

The anagrams are: PARROTED, PREDATOR, PRORATED, TEARDROP; PAINTERS, PANTRIES, PERTAINS, REPAINTS; PERTNESS, PRESENTS, SERPENTS.

CASTER PEARS

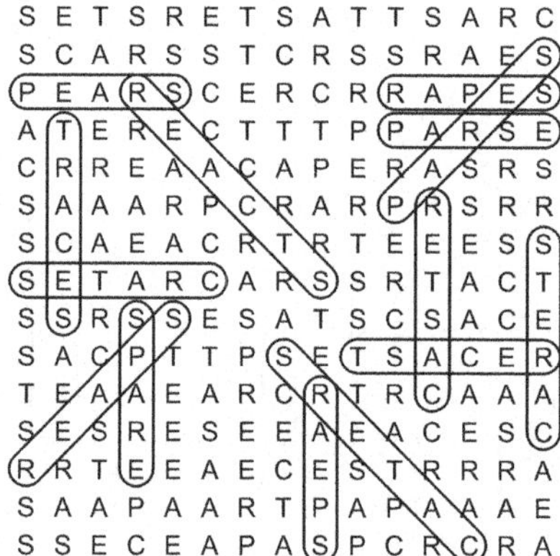

The anagrams are: CASTER, CARETS, CATERS, CRATES, REACTS, RECAST, TRACES; PEARS, PARES, PARSE, RAPES, REAPS, SPARE, SPEAR.

RETESTS PRIESTS' PARLEYS

The anagrams are: RETESTS, SETTERS, STREETS, TERSEST, TESTERS; PRIESTS, PERSIST, SPRIEST, SPRITES, STRIPES; PARLEYS, PARSLEY, PLAYERS, REPLAYS, SPARELY.

TANGLIER

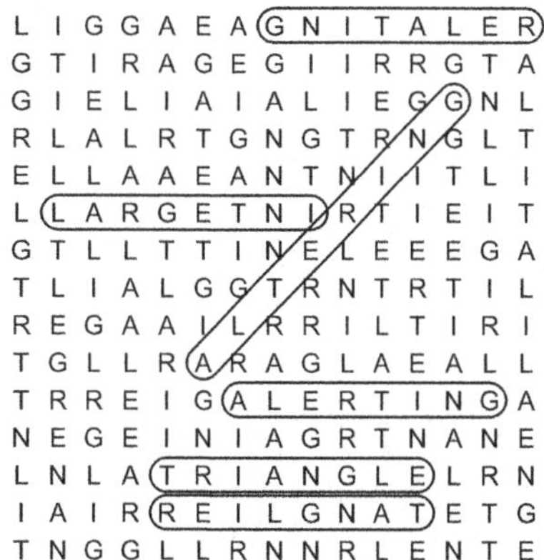

The anagrams are: TANGLIER, ALERTING, ALTERING, INTEGRAL, RELATING, TRIANGLE

WORDS OF ART

E L E I O M S I B U C N N C E
O T O N E E U R C S N M P O A
F I S A A L R I U T E T O R N
N R R D A D A H O N O P E G S
O R U U I R E L Y T S P S T I
N K S A R E P I O T M S N U L
A R B I E R S C T E A S N M I
C O T S I N O O T R A C S V R
P S D H O C R A Y O N S H I I
S I I T O A R T F U L N E S S
M U T R A A N S I I I H A M N
S C I D D N A H E E R F S N I
S C O R I N G T C E I I E E T
U G C O H B P A I N T E R L Y
L E R V U E O S Z N O E S A S

If you didn't amazingly see that each row of the grid is a fifteen-letter word scrambled up, try to unscramble them now. The unscrambled words are on the bottom of the next page.

CERTAIN CONSTITUENTS

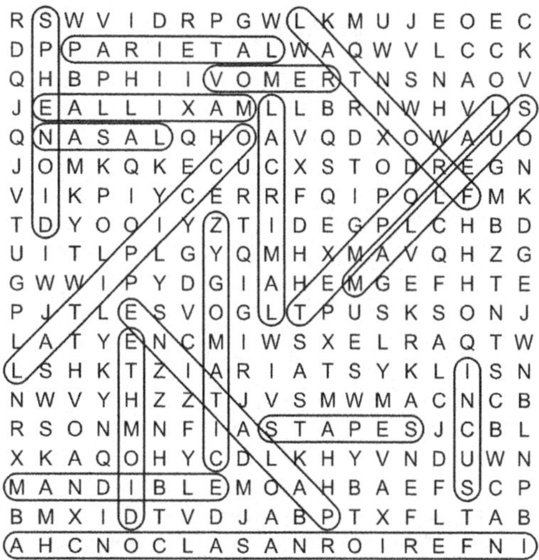

These are the bones that make up the human skull.

COMMONLY _______________ WORDS

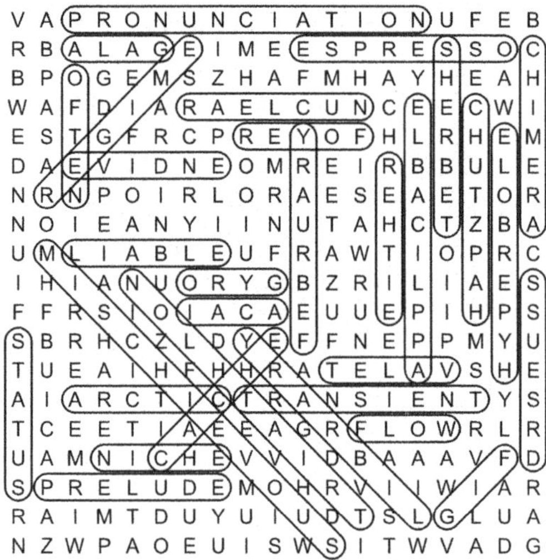

These are all commonly MISPRONOUNCED words! Some of them have multiple recognized 'acceptable' pronounciations; some of them, like GIF, are the source of heated debates; and some of them, like Dr. Seuss, have been mispronounced so much that they were officially changed to match the original mispronounciation!

WOODSY

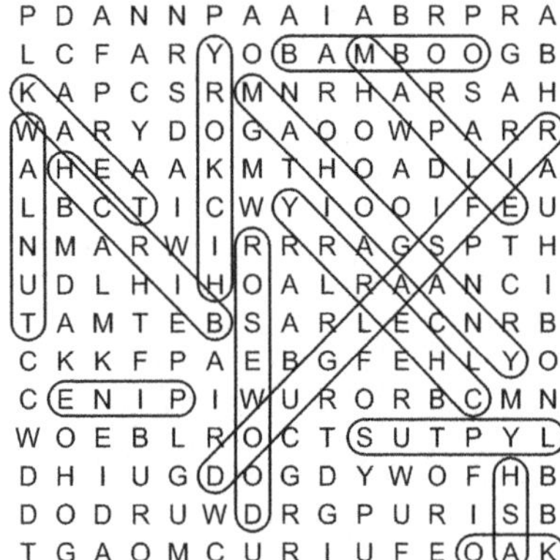

What these woods all have in common is that they are the most common woods used for hardwood floors!

GO FOR IT

```
O O X O O X O X X O X X O O O
X O O X X O O X O O X O X X O
O X O X O O X X X X O X O O O
X O O X O X X O O X X O X X X
O O X X O O O X O X O O X O O
X X O O X O X O O X X X X O O
O O X X O X O O X X O O O X X
X O X X O X X X O O X X O O O
O O X X X X O X O X O O X X O
O X O O X X O O X O O X X O X
X O O X O O X O X X X X O O O
O X X O O X X O X O O X O X O
X X O X O O O X O O O O X O X
O X X O O X O O O X X X O X O
O X O O X O X X O O X X O X O
```

Connect Four was first released by Milton Bradley in February of 1974.

WORD-OF-THE-YEAR'S

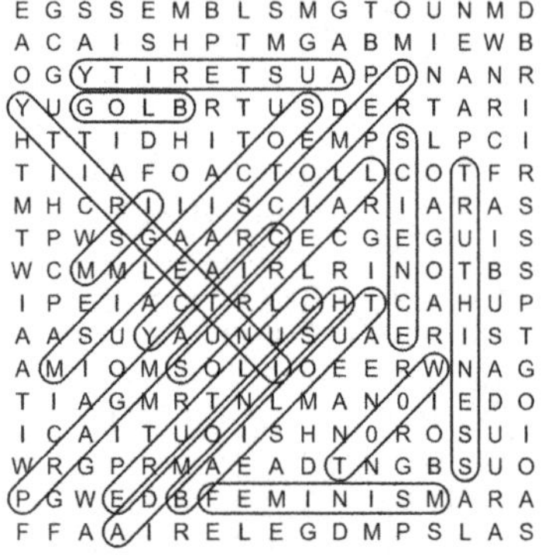

2003: Democracy
2004: Blog
2005: Integrity
2006: Truthiness
2007: W00t
2008: Bailout
2009: Admonish
2010: Austerity
2011: Pragmatic
2012: Socialism (& Capitalism)
2013: Science
2014: Culture
2015: -ism
2016: Surreal
2017: Feminism

Definitions change and evolve over time. If you aren't familiar with what some of these words mean, I suggest looking them up in the Merriam-Webster dictionary and "keeping up with the kids" because these are some of the most important words of our time.

Solution to the puzzle on previous page

BIOLUMINESCENCE
CONTEMPORANEOUS
QUARTERFINALIST
GRANDPARENTHOOD

SURREPTITIOUSLY
UNSPORTSMANLIKE
SABERMETRICIANS
VASOCONSTRICTOR

HYPOCHONDRIASIS
FLIRTATIOUSNESS
HUMANITARIANISM
DISENFRANCHISED

EGOCENTRICITIES
UNCOPYRIGHTABLE
OVERZEALOUSNESS

WAIT, WHAT DO YOU MEAN?

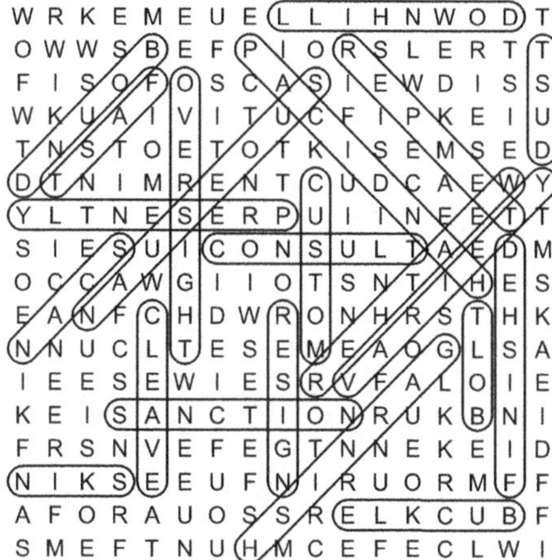

These words are all "contranyms" (also spelled "contronym"), words that have contradictory meanings. They can also be referred to as auto-antonyms or autantonyms. "Dust", for example, can mean "to add" to something - such as dusting a cookie with sugar - or "to remove" from something - such as dusting your bookshelves.

HAND UP

The E's are spaces and punctuation marks, leaving:

BR SHS UTD YRRZ TPPRUSRS. TU DBR OTUDCMCW, BR KAD BHY PHULRCDHKY DTLRDBRC MUS IRMURS BHY RIFTVY TU DBR MCZY TP BHY OBMHC, IHGR TUR VBT BMY M CRIHYB PTC OTUJRCYMDHTU.

Or,

HE DID NOT SEEM OFFENDED. ON THE CONTRARY, HE PUT HIS FINGERTIPS TOGETHER AND LEANED HIS ELBOWS ON THE ARMS OF HIS CHAIR, LIKE ONE WHO HAS A RELISH FOR CONVERSATION.

This is by far the most difficult part of the book. There should have been a cash prize awarded to the first person to figure this out - if anyone was nuts enough to think it's even worth spending time on. The hint from the words is that they are wach FOUR letters long. The very subtle and obscure hint from the title is that raising a hand up in the air is a sign golfers use when they yell "Fore!" - This was to get at the title of a Sherlock Holmes' novel: "The Sign of the Four". The entire grid is a cryptogram of a section of that book:

BUILT TOUGH

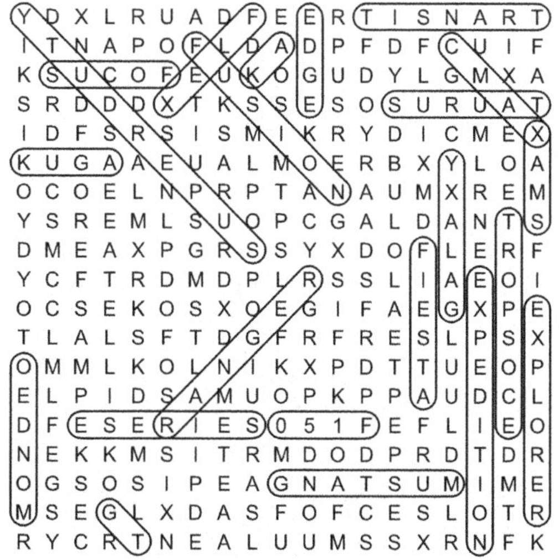

THE ODDS

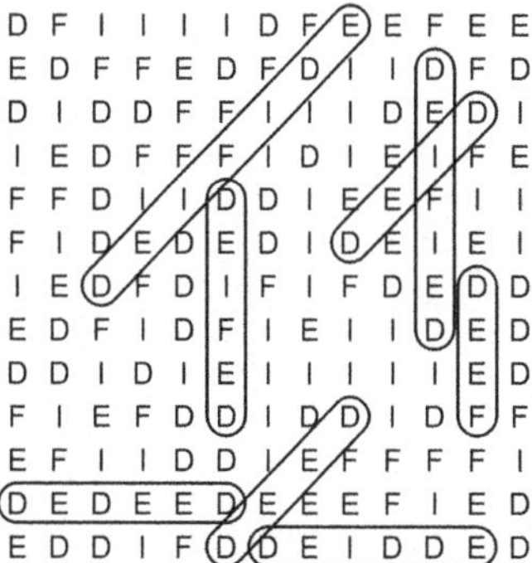

You are looking for: DEED, DEEDED, DEFIED, DEIFIED, DIED, EDDIED, EDIFIED, and FEED

HAPPY

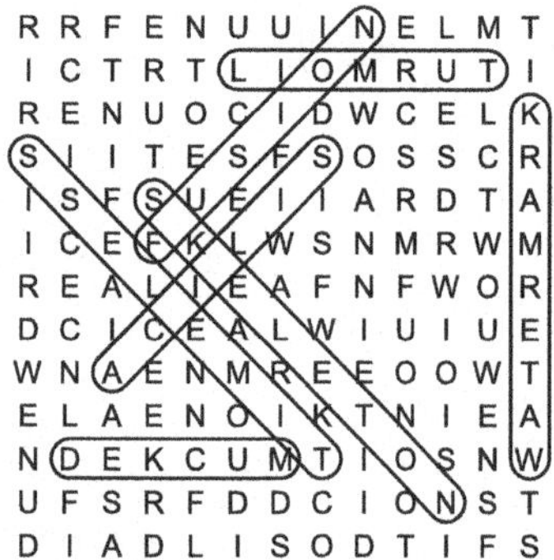

The title was supposed to have jogged your memory and reminded you of the television show "Happy Days", becasue these seven words have the same first letter and the same amount of letters as the seven days of the week.

________ SYNONYMS!

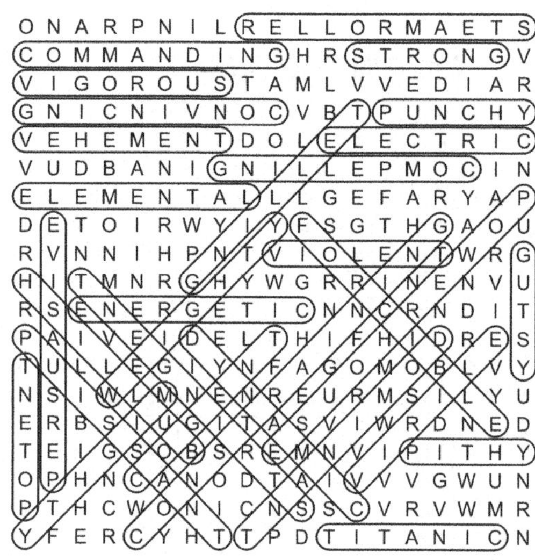

The word these are all synonyms of is FORCEFUL.

DON'T I KNOW YOU FROM SOMEWHERE?

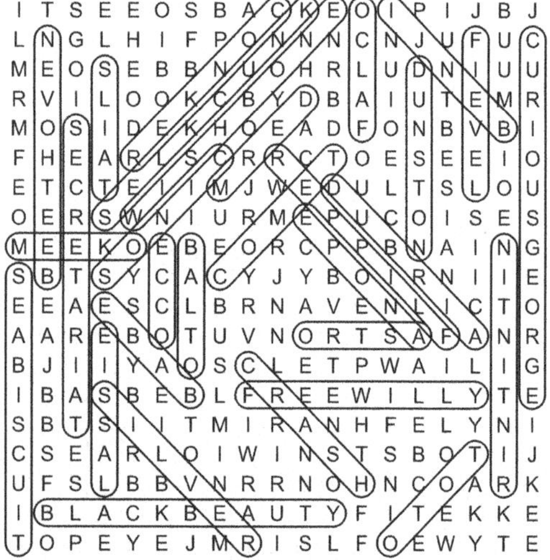

AIR BUD from "Air Bud", ASTRO from "The Jetsons", BABE from "Babe", BALTO from "Balto", BEETHOVEN from "Beethoven", BENJI from "Benji", BLACK BEAUTY from "Black Beauty", COMET from "Full House", CONKER from "Conker's Bad Fur Day", CRASH from "Crash Bandicoot", CURIOUS GEORGE from "Curious George", DUNSTON from "Dunston Checks In", ECCO from "Ecco The Dolphin", EPONA from "The Legend of Zelda: Ocarina of Time", FALCO from "Star Fox", FIEVEL from "An American Tail", FLIPPER from "Flipper", FREE WILLY from "Free Willy", KNUCKLES from "Sonic the Hedgehog 3", LASSIE from "Lassie Come-Home", MEEKO from "Pocahontas", MR. ED from "Mister Ed", RIN TIN TIN from "The Man from Hell's River", SEABISCUIT from "Stablemates", SECRETARIAT from "Secretariat", SILVER from "The Lone Ranger", SONIC from "Sonic the Hedgehog", TAILS from "Sonic the Hedgehog", TOTO from "The Wonderful Wizard of Oz", WISHBONE from "Wishbone".

IT'S ALIVE!

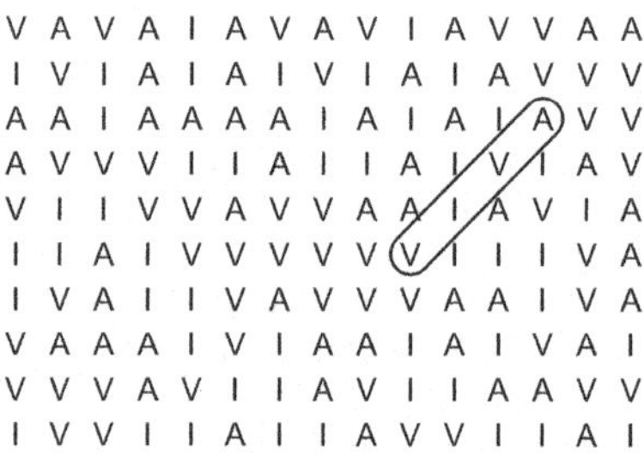

The other VIVA is hidden in the top two rows of the grid. Starting from the top left and going towards the right you can trace a V out of three V's, an I out of two I's, a V out of three V's, and an A out of three A's. Sometimes the things in life we want are looking us right in the face; we just don't see them.

PANGEA

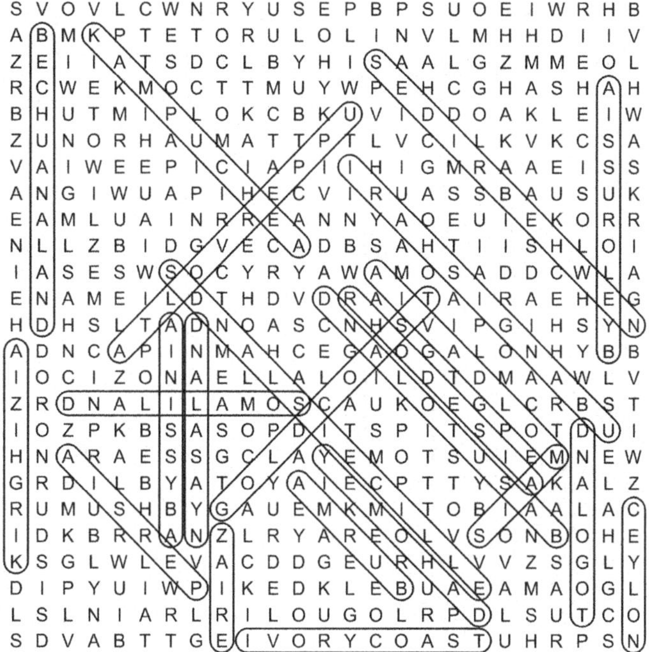

Abyssinia > Ethiopia
Basutoland > Lesotho
Bechuanaland > Botswana
Burma > Myanmar
Byelorussia > Belarus
Ceylon > Sri Lanka
Dahomey > Benin
Ellice Islands > Tuvalu
Gold Coast > Ghana
Ivory Coast > Côte d'Ivoire
Kampuchea > Cambodia
Kirghizia > Kyrgyzstan
Moldavia > Moldova
New Hebrides > Vanuatu
Nyasaland > Malawi
Persia > Iran
Rhodesia > Zimbabwe
Siam > Thailand
Somaliland > Somalia
Togoland > Togo
Ubangi-Shari > Central African Republic
Upper Volta > Burkina Faso
Zaire > Democratic Republic of Congo

FOUR RANDOM FOUR-LETTER WORDS

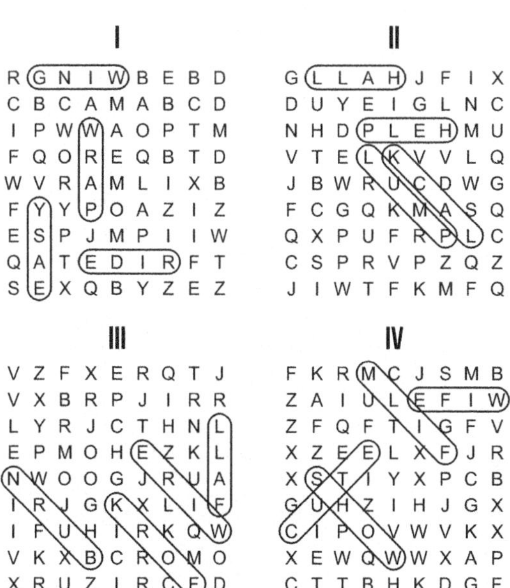

COMMONLY __________ WORDS

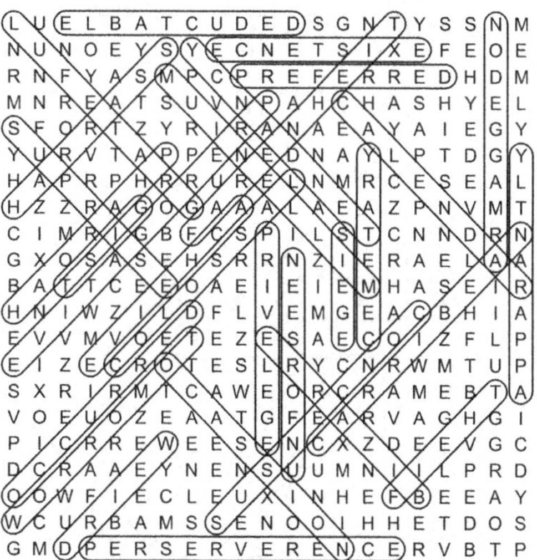

The filled-in title to this puzzle is "COMMONLY MISSPELLED WORDS". Here is the correct spelling of the incorrectly spelled words in the list: ACHIEVE, APPARENTLY, ARMAGEDDON, CARIBBEAN, CEMETERY, CONSENSUS, DEDUCTIBLE, FAHRENHEIT, HARASS, MILLENNIUM, OCCASION, PERSEVERANCE, PHARAOH, PRIVILEGE, SURPRISE, TENDENCY, THIEF, and UNFORESEEN.

IT'S PRONOUNCED "CROISSANT"...

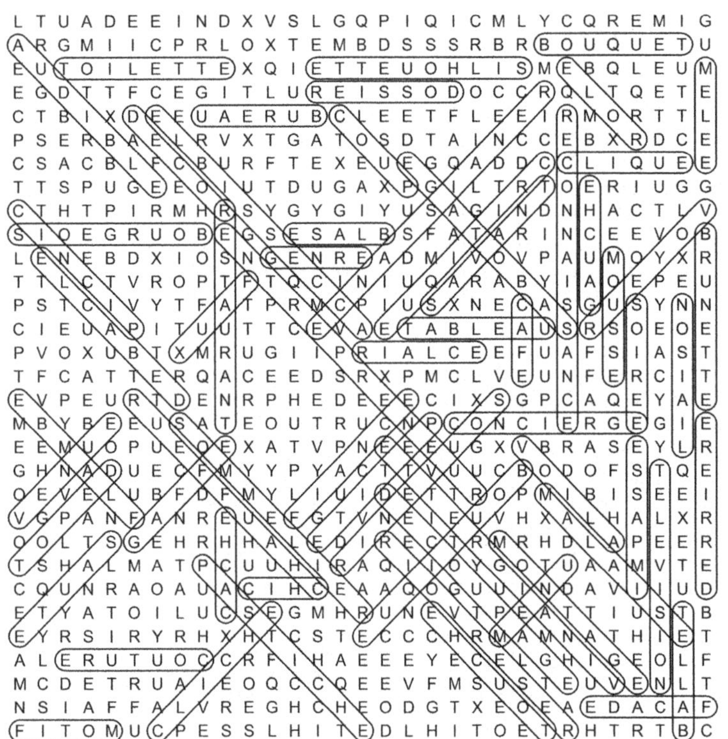

G-I-J-L-O

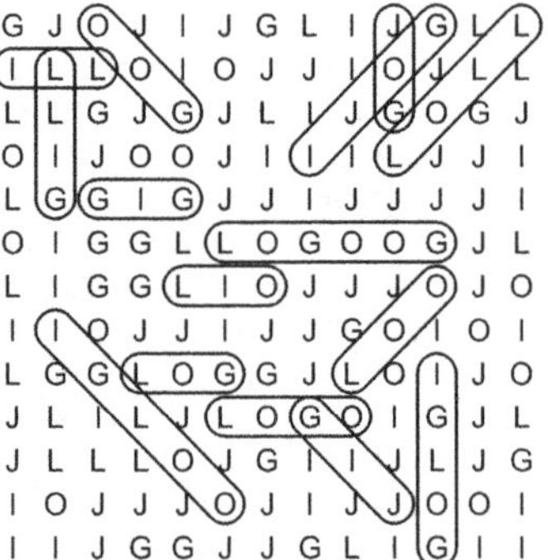

You're looking for: GIG, GILL, GOJI, GOLGI, GOO, GOOGOL, IGLOO, ILL, JIG, JOG, LOG, LOGO, LOLL, LOO, and OIL

GET OUT!

The percentage of this grid that is made up of T's or V's is 36.1%, and the percentage of eligible voters who voted in the 2016 Presidential Election was around 60.2%...

NEAR AND DEAR

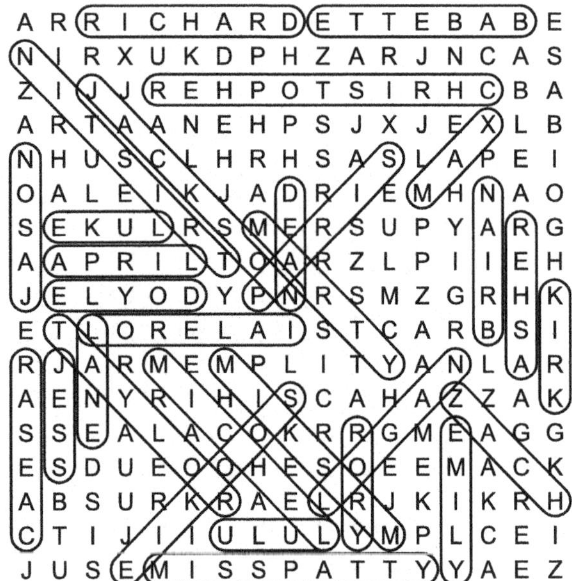

These are all characters from "Gilmore Girls", which has a very strong, very dedicated cult following. My girlfriend is in the cult.

A STRONG WORD

You're looking for HATE and: HAHA, HATH, HEAT, HEATH, HETH, TEAT, TEETH, TEETHE, TETH, THAT, THEE, and THETA

YIKES!

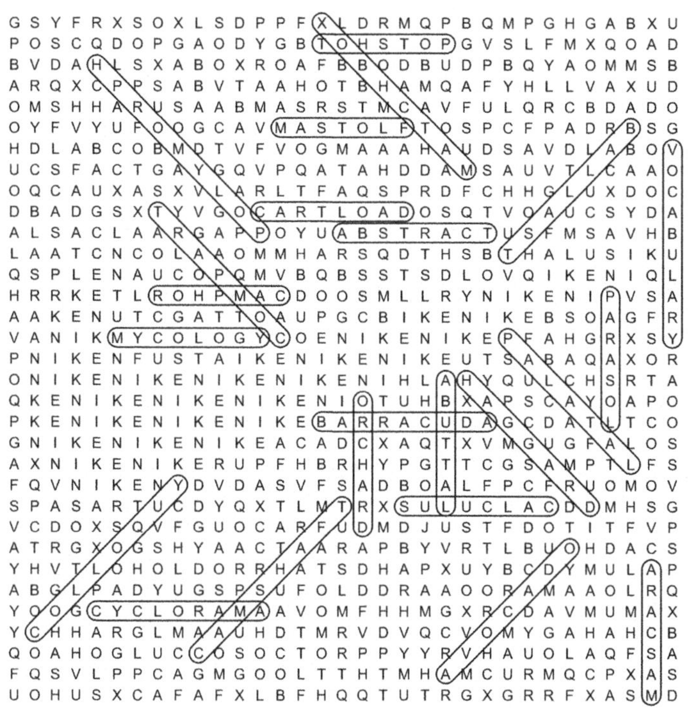

The hint regarding the number of words in the word list, 23, refers to the famous jersey number of Michael Jordan – the basketball star famous for his involvement with Nike. You may have noticed all of the NIKE's in the puzzle. If you circle all of the N's, I's, K's, and E's you'll find a surprise.

A BATTLEFIELD

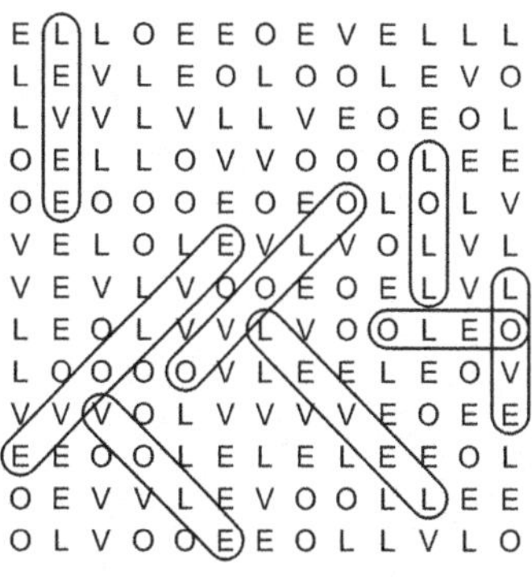

You're looking for LOVE and: EVOLVE, LEVEE, LEVEL, LOLL, OLEO, OVOLO, and VOLE.

SHERLOCKING

B-A-R-I-S-T

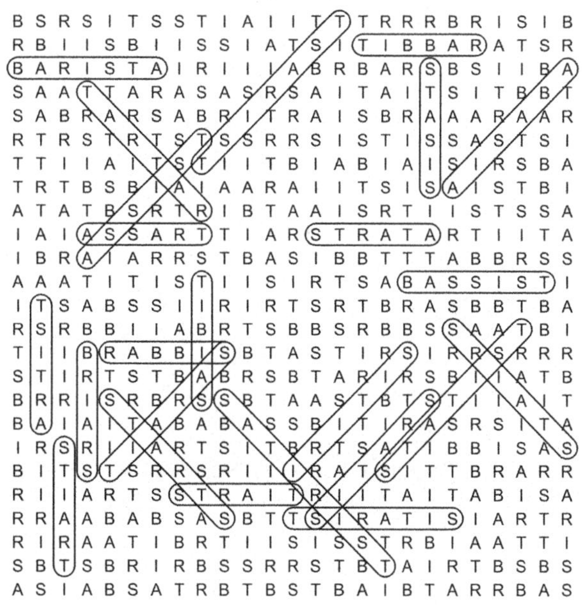

D-I-S-N-T-E-R

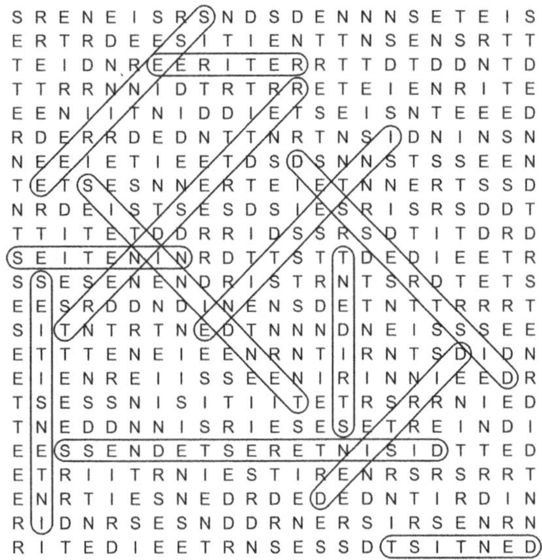

T-A-L-E

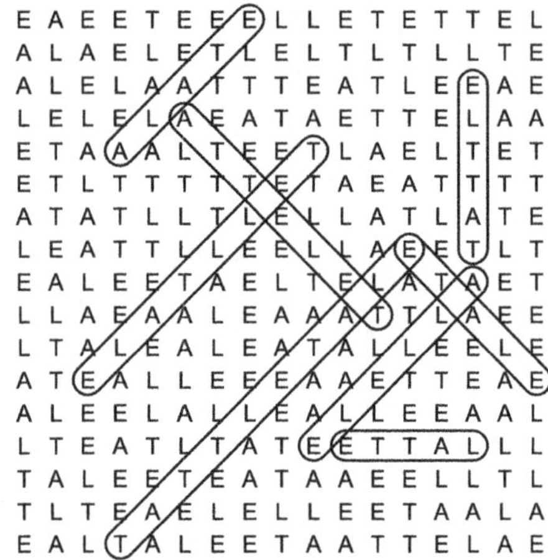

The three missing words from the word list are: TATTLE, TATTLETALE, and TELLTALE

YEAH, I THINK IT WAS A RAT

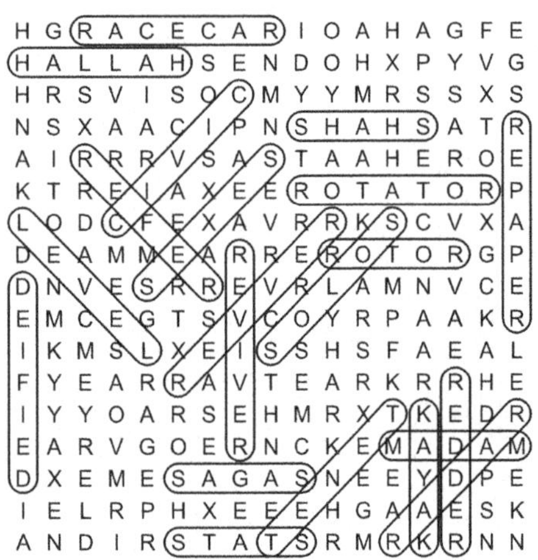

WHEN AM I EVER GOING TO USE THIS?

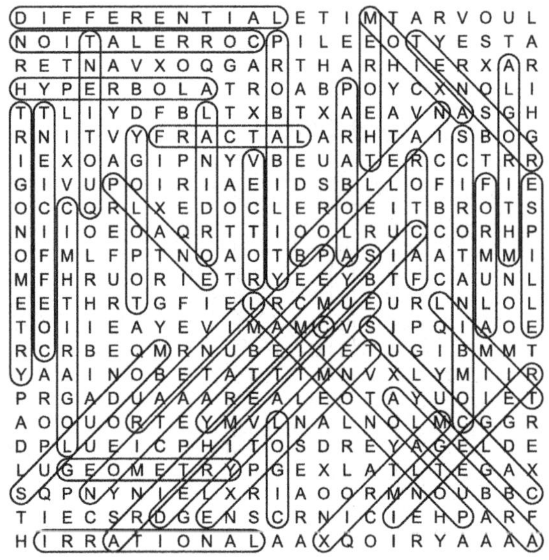

DRACULA

MIDI (in all caps, like USB) is the standard protocol for communication between electronic musical devices and computers, and VILLI is the plural form of VILLUS, which is a tiny hairlike projection on a mucous membrane. The other words you're looking for are: CIVIC, CIVIL, DILL, LIVID, MILD, MILL, MIMIC, and VIVID.

MODERN ART PERIODS

________ SYNONYMS!!!

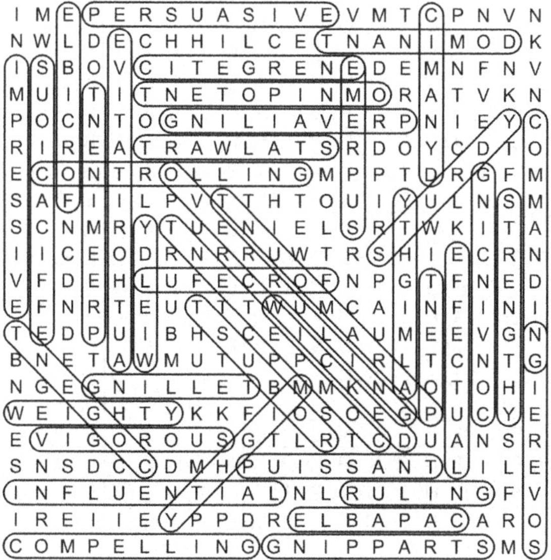

These words are all synonyms for POWERFUL.

_________ SYNONYMS...

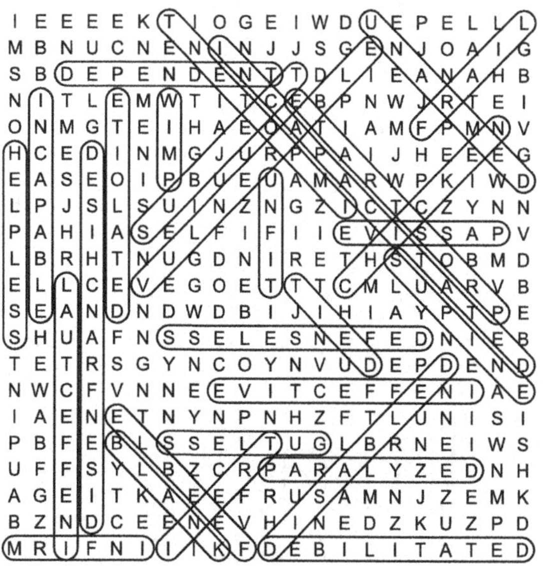

These words are all synonyms for POWERLESS.

THE EXCLUSIVE EXECUTIVES CLUB

```
R J F U S Y T L I N C O L N G I K P O P D T Q X C
L J V N O M R N B N B Y U Z A Z F F Y J D T W T X
G F N J I X U V A G C O Y N R D N W O Q L B U S H
S W O J I K M M O R N R N J F K C I A E L L E F A
G R S V B S P F E Y G E W F I P X E V V Y O E I R
W Q R C S Z R O N R T R Y D E N N E K C R T K L R
N P E X K T C R E E A Y D K L D S B H N J C W L I
A Z F D M V A D J W C C L O D O R N O U W W A M S
E O F N O I D W B O E P N E O B A M A W I T N O O
X Y E A W N A N A H C U B R R M N N Y H F L S R N
N H J L A O M P A N Q F F F U A R U H T R A Y E S
D R B E V Z S P K E E M N R G F Q T V F T I W W P
N C G V K C X M R S M C T A S Z E I E W R F V M N
W V P E N P S I F I U A E P T A Y L O R Z O A A A
O I W L N W L Z P E D R L N N E G E M U O L I T A
H H L C I H U X M I E T J D A E E L L F U D D I X
Y Z E S X Z Y J V A E E L T Z P G H N N C V L N I
W V E K O W G E U E D R T L B N P I N O I A K U H
D P S F N N K N G H B I C Y Y B T G H B T K G F N
X U C P L Q Y D I I R M S E M R M A A Z O N C Q O
X P O F B M I N L D O B G O H U I K Y X N J I M S
Q L N A I L T E I G R Z K N N Z M X E O J B M L K
K D R Z O K F Z I Z E A Q U U S N O S N H O J P C
D M Z O M H N O T G N I H S A W Q V U U B Z I Y A
J P C M E B K O Z V A N B U R E N R E V O O H I J
```

1. George Washington*
2. John Adams
3. Thomas Jefferson*
4. James Madison*
5. James Monroe*
6. John Quincy Adams
7. Andrew Jackson*
8. Martin Van Buren
9. William Henry Harrison
10. John Tyler
11. James K. Polk
12. Zachary Taylor
13. Millard Fillmore
14. Franklin Pierce
15. James Buchanan
16. Abraham Lincoln*
17. Andrew Johnson
18. Ulysses S. Grant*
19. Rutherford Birchard Hayes
20. James A. Garfield
21. Chester A. Arthur
22. Grover Cleveland*
23. Benjamin Harrison
24. Grover Cleveland*
25. William McKinley*
26. Theodore Roosevelt
27. William H. Taft
28. Woodrow Wilson*
29. Warren G. Harding
30. Calvin Coolidge
31. Herbert Hoover
32. Franklin D. Roosevelt*
33. Harry S. Truman
34. Dwight D. Eisenhower*
35. John F. Kennedy
36. Lyndon B. Johnson
37. Richard M. Nixon
38. Gerald R. Ford
39. Jimmy Carter
40. Ronald Reagan*
41. George Bush
42. Bill Clinton*
43. George W. Bush*
44. Barack Obama*
45. Donald J. Trump

CH, EE, SP

Ha! Those who lazily compete for large prizes lose, and lose lots!

S-R-T-U

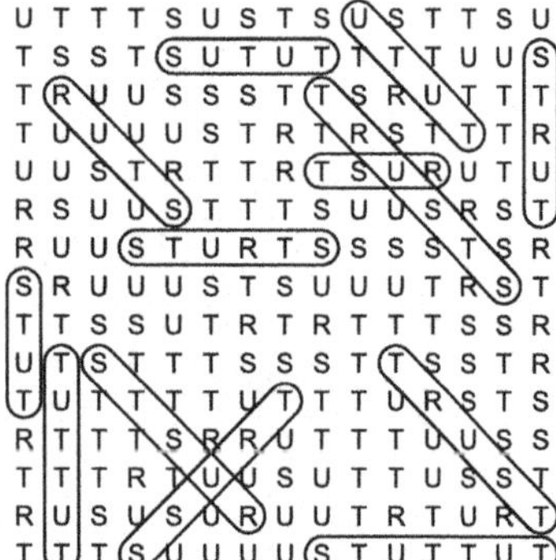

The British slang word that appears three times in this puzzle is SUSS. As for where they're located, I'll let you suss it out.

BON-_______

```
S A L S R E K N O B S R E N D R O N B K G O B
S S D R S G N S K I S Y L I N N O B K O A A O
E B O N D S N U G B R B G S F Y G B N O Y G L
U Y B F F O R M B O A D R N B O N I E S T N T
N F O S B F Y B O N D T Y Z A E Y E E O G I E
F N O R S T Y A F E D B O N G N O B S E U K F
O E O E B D O I Z L F E G S I E E B M B O N M
D O M D O U E U T E A M D R M A G A Z O N O G
N U K N N Y B N R T I O F M E I E Y S N L B B
T B E O Y L U N N B O N D M A N R U U N O B R
I O T B S I K U B D T L I K L I B N F N S B R
K N Y R S Y O S Y E B O N B O N S R I S O B S
G A S O G B O N S A I S A M I K O N D O Y R B
N N E M E O B E O A I Y B O B G D E O S D K O
I Z S O I I N F E B U N N O I L K M M O S S N
D A U D N O E B S R O G N Y U U Z D G K L F T
N T N Z B N O S I E L B O B E E B N E M B D N
O O O M B U U L R R O A N N Z M O O N R O O E
B N B Y Z S M I K N S R O F Y S N B K M N M B
N E F B I O F B R E I N N O B M D E E Z N F B
B O N I F N B F T U O K G K O N A E R L E U G
I U N L O I B B O N I N Z Z I S G T S U T R N
Y F E B A N O A L B E M S E S M E G I O S S K
```

RANDOM SEVEN-LETTER WORDS

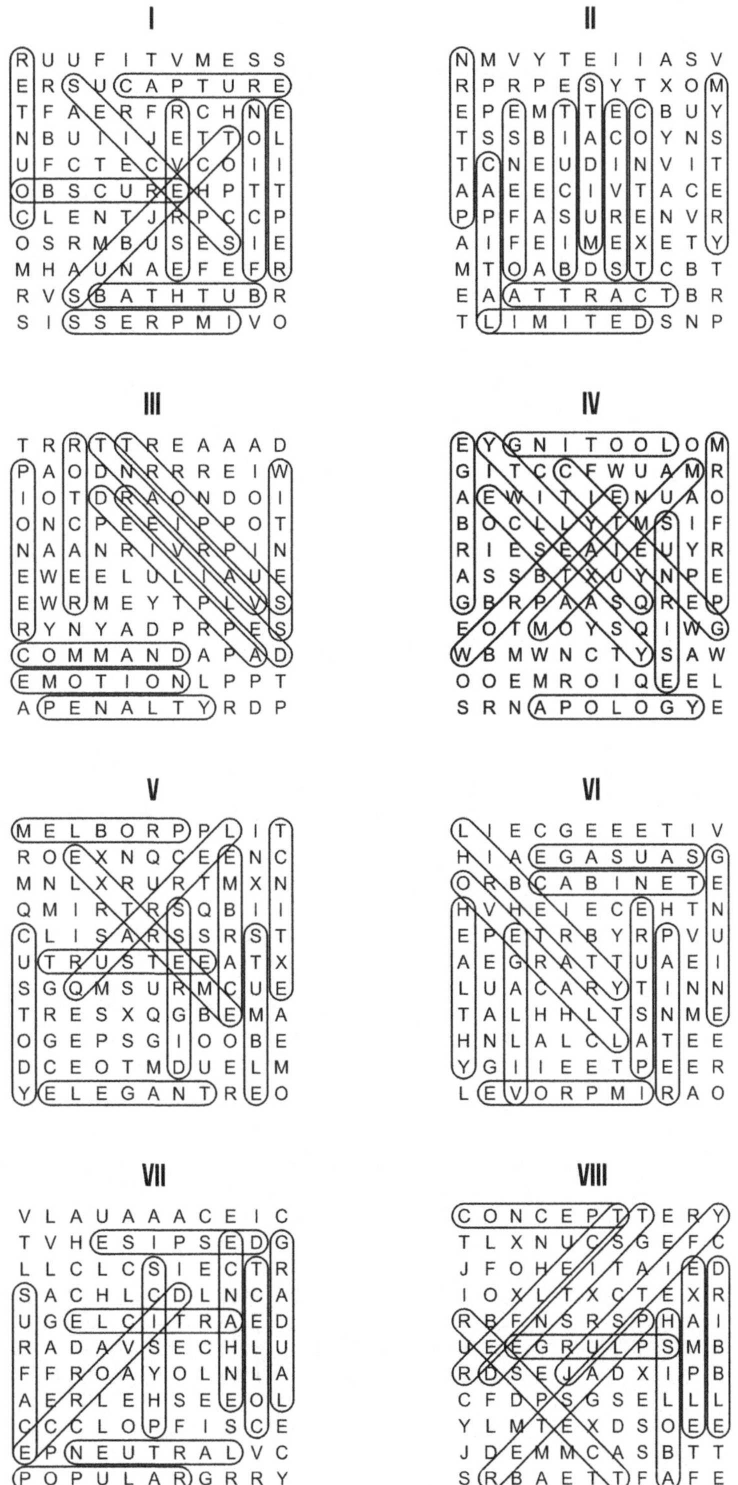

T-R-A-N-S-U-B-I-O

CON-STANTLY

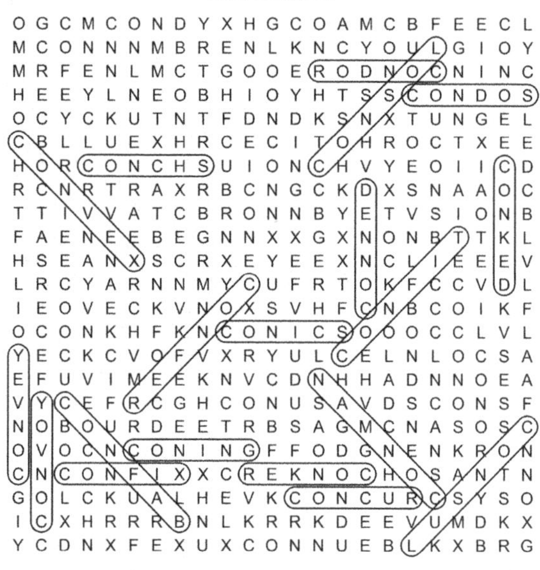

You've already looked for the word CONKER in the DON'T I KNOW YOU FROM SOMEWHERE? puzzle.

SIX RANDOM SIX-LETTER WORDS

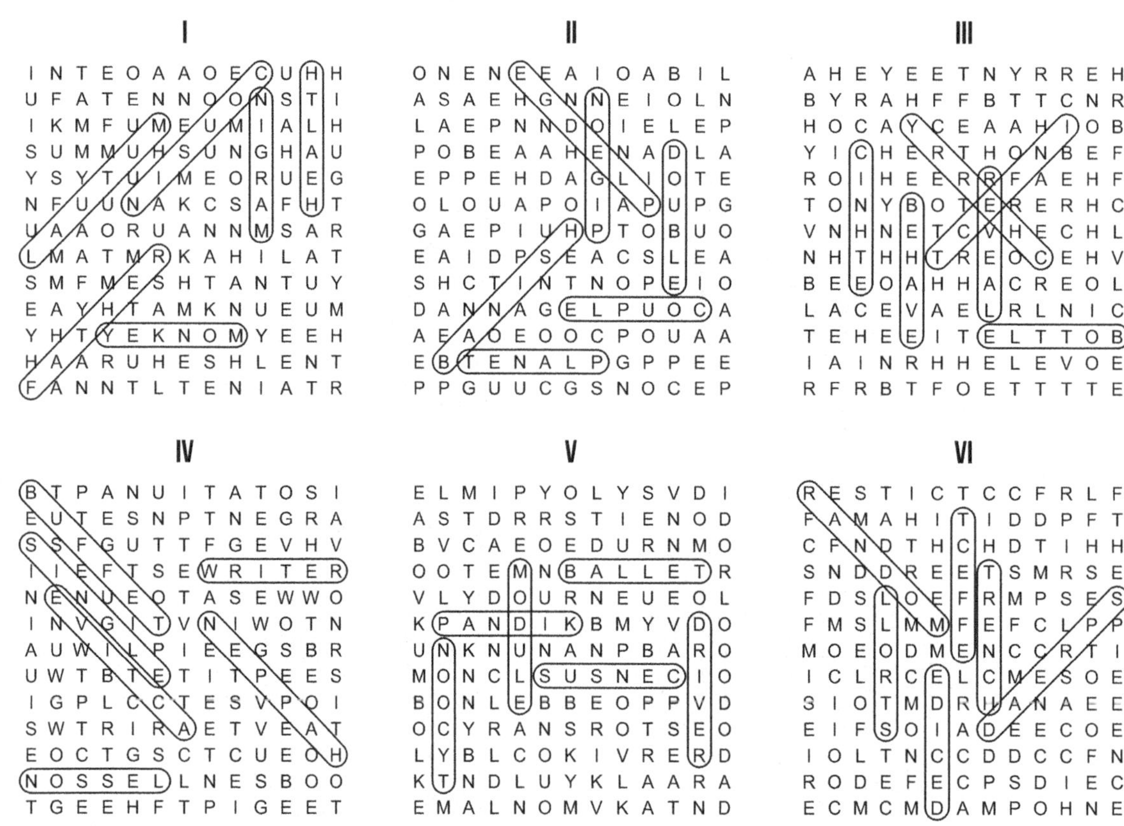

SPANISH FOR... THE NIÑO

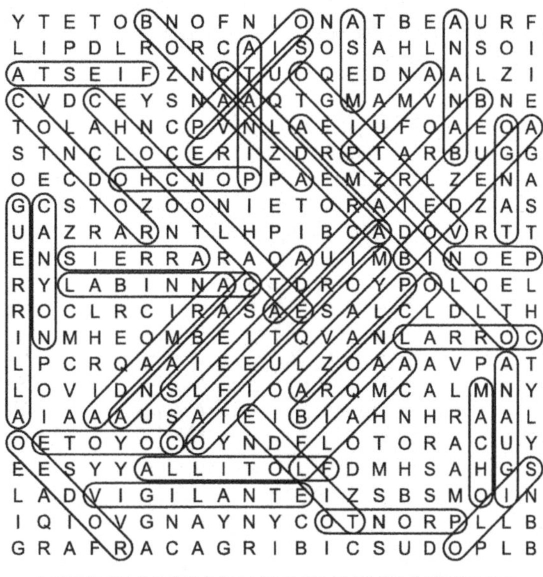

The words with diacritical marks (and a couple with one less letter) are: CABAÑA, CANÍBAL, CAÑÓN, PEÓN, PIÑATA, and VÉRTIGO

THE TWENTY-NINE STATES

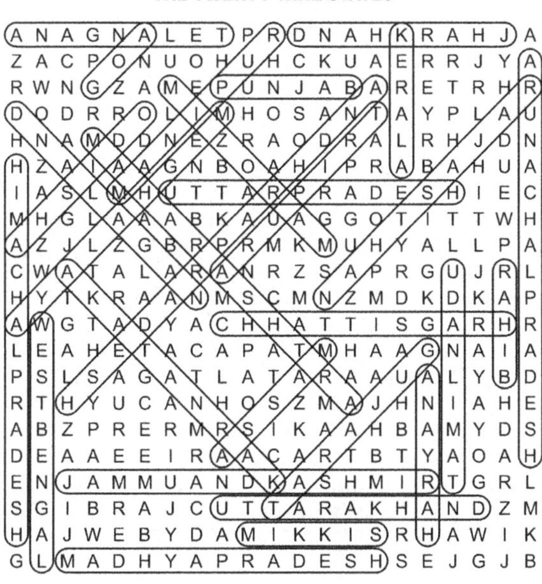

TABLE TENNIS TERMINOLOGY

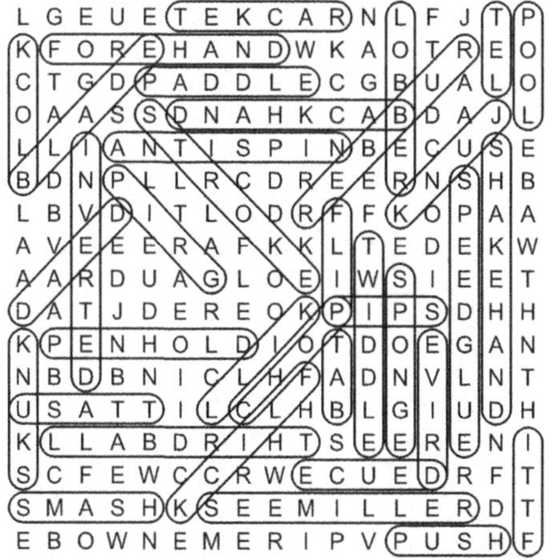

This reason this puzzle is included is because Will Shortz, the New York Times' crossword editor whose name is synonymous with puzzles, is a passionate player of the sport. So much so that he owns and operates his own fantastic table tennis club in Pleasantville, NY.

TEN RANDOM FIVE-LETTER WORDS

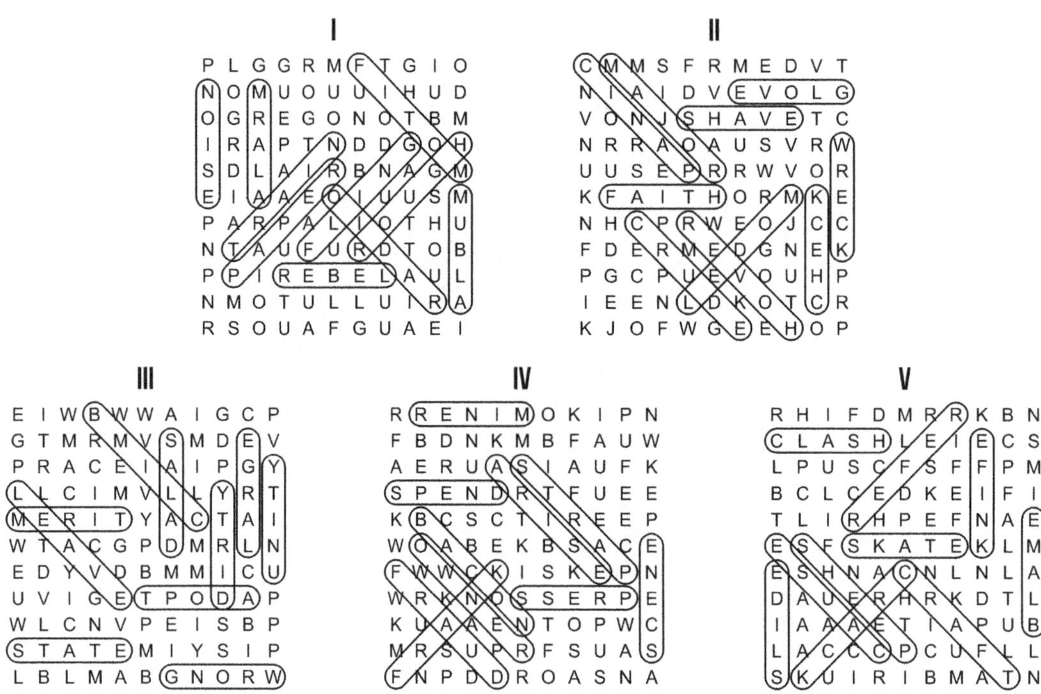

TRINKETS

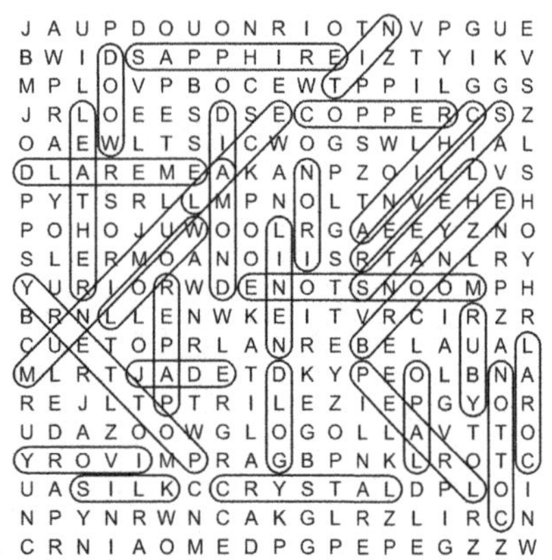

A REAL GOD'S GODS

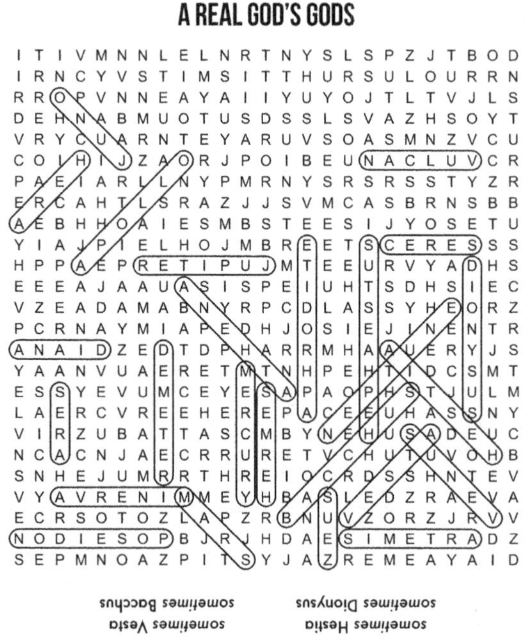

These are the traditional (US) wedding anniversary gifts. The Chicago Public Library compiled this list and also developed a more modern version with more contemporary (yet still odd) gifts.

1st: Paper	10th: Tin / Aluminum	30th: Pearl
2nd: Cotton	11th: Steel	35th: Coral / Jade
3rd: Leather	12th: Silk	40th: Ruby
4th: Linen / Silk	13th: Lace	45th: Sapphire
5th: Wood	14th: Ivory	50th: Gold
6th: Iron	15th: Crystal	55th: Emerald
7th: Wool / Copper	20th: China	60th: Diamond
8th: Bronze	24th: Opal	75th: Diamond / Gold
9th: Pottery	25th: Silver	85th: Moonstone

"I stayed married for eighty-five years and all I got was this lousy moonstone."

GREEK OLYMPIAN:	ROMAN EQUIVALENT:
Zeus	Jupiter
Hera	Juno
Poseidon	Neptune
Demeter	Ceres
Athena	Minerva
Apollo	Apollo
Artemis	Diana
Ares	Mars
Aphrodite	Venus
Hephaestus	Vulcan
Hermes	Mercury
sometimes Hestia	sometimes Vesta
sometimes Dionysus	sometimes Bacchus

AGAIN WITH THE MATH?

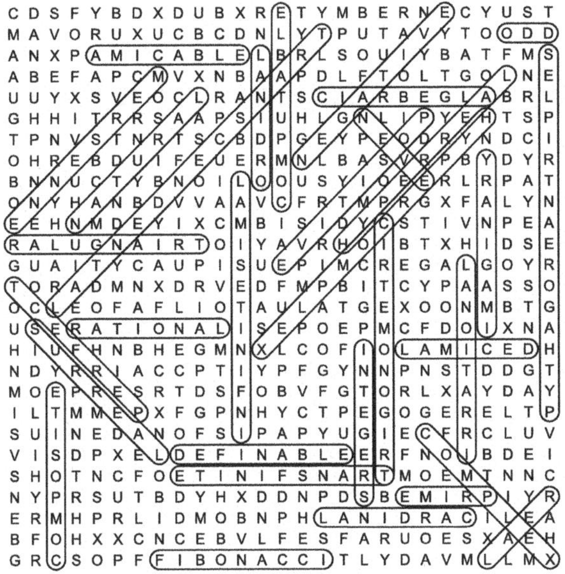

I'M NOTICING A PATTERN HERE...

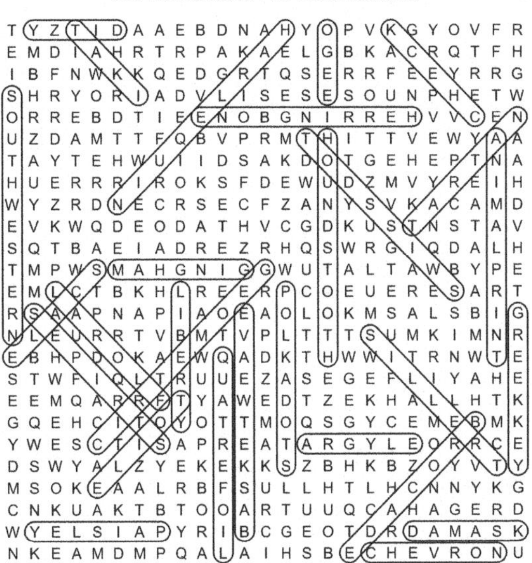

GOOD-LOOKING ROCKS

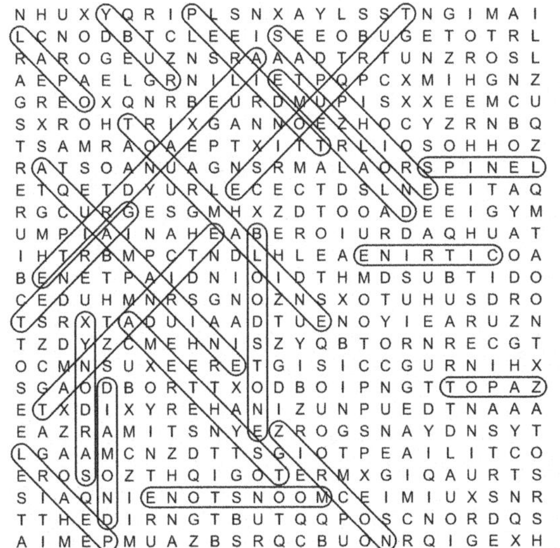

These are the (US) birthstones. You will notice there are more than twelve in this list, and you may be thinking "wait, since when is that a birthstone?" Well, these lists tend to be different depending on where you get your information, and they change over time. There are birthstones for the month, different ones for your astrological sign, different ones depending on the day of the week, ...it never ends.

January: Garnet
February: Amethyst
March: Aquamarine, Bloodstone
April: Diamond
May: Emerald
June: Pearl, Moonstone, Alexandrite
July: Ruby
August: Peridot, Spinel, Sardonyx
September: Sapphire
October: Opal, Tourmaline
November: Topaz, Citrine
December: Turquoise, Zircon, Tanzanite

YOU KNOW WHO YOU'RE LOOKING FOR...

F H D Y M D I I A E Y H A W I
W D B Y A A O I M N H R D A W
M W F O H Y A N M E Y L R E A
M L I D L W E L W A A W A R B
M Y O L H F E W D O W M E B H
L H N A O W E W O A A Y B L N
W I R W W N M L L L L L E D W
A W R R D W E D D N L W T W W
F O F A R W O Y W E W L I L W
W O A L D A A N L I L A H W L
A T O L O L E M L D N N W A L
M B A W O L N M H L D D M A Y
O Y W O W Y W D L A D L W D D
B H W W N H N N L W I A A D D
I I M L I B F A A W W W O W T

You're looking for WALDO of course! He was originally named WALLY, which is what they still call him in Britain and some other countries. His friends are: ODLAW, WENDA, WHITEBEARD, WILMA, and WOOF.

LIKEABLE PHRASES

A S J Z H H P O I J U X H P L X I Z I P L Q J M I M I C T
S I A B P O G H I S V U U L E O K R E L A D Y B I R D U N
Z N B A G S G L J F M S V X Y G N D B N E E H J L L S N A
Y A N N M T P S I F C U P U U B A E K Y R L N O W M G C R
F U L D O I Q T D G W I E J F N K W L H I A V K W H N O P
A D B I R L F M K T I F T Y T K I E K Y A A G L I L I M Z
S I F T Y E O B S C E N E F E V F T V E L E R H Y C G F N
H B W X L U R S L W H M Z F E B B H R I K B O X T Y N O X
I L H J R Q P S O R E H I P A L A H D A S J V G O E O R D
O E D C R P A M A Z E M E N T R I L A A N U E R G E L T Q
N L E V E N T F U L P G D C D M C P L I W Q L B W R E A N
A O R Y G N A R L E D H A L S B K Y E E S N U C A U B B V
B G Q N G L O O M Y K H O N K H O C T S M I A I E T S L V
L E L B A R E N L U V V V B A Z C Y E M A Y A L L R J E S
E S S O W O Q N X Z A M G V N M A L I G N A N C Y O N J D
T U S A S T C J B U L P H G P O E A N E G O T I A T E C L
H O E D O A F V A S J R N W N S B J T K I N U F C Y W U A
N I N D S G V Q S U M J W E A P X V M P U T M E V C O T U
W M I I E I Y A T F L A H B T M O T I O N L E S S U Y Y G
Z E L C N L I J G S A D F E I R Q A P U K I N G T N R T H
C T L T K L Z U W E Q E G E G U A K V O E B B B L M G M A
V S I I S A N Z F U R D Y G H O E E S T R Q R N G L M C B
Y B S O B R J G A E Y Y A J T C V I H L K E P N H O C I L
V A I N E B H I G D L N U X L H J Z R S A Q R S Q U X K E
Y U I A A U H Q O L E F Q W Y M W K X K I W X N S A C L I
I U L N Q M A G N I X B U N G O V E R N E D B E M N K E O
P A G E A N T R Y W C H N P M M S Z F B M E D M D A H V I
S Q P Q F H W J F T R H U H T K L K A C A V S G V N G S F
I L C C H X D V J M F I S C U F F L E M L A V D U Z S S S

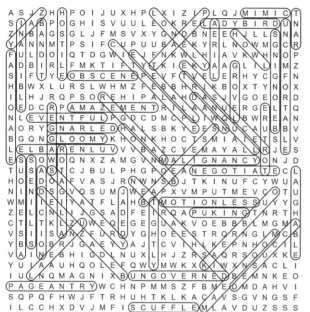

These are all words said to be coined by none other than William Shakespeare. The hint was that the title is an anagram of "Bill Shakespeare".

YOU MAY HAVE SEEN HIM EVERYWHERE

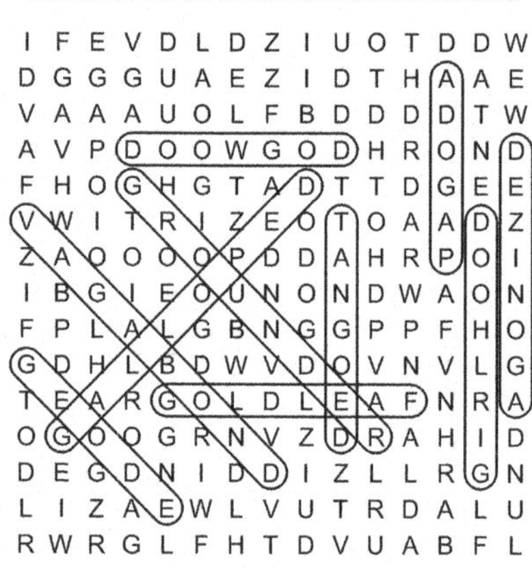

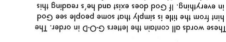

These words all contain the letters G-O-D in order. The hint from the title is simply that some people see God in everything. If God does exist and he's reading this right now: Please, leave me a five-star review.

YOU'VE GOT TO BE KIDDING ME

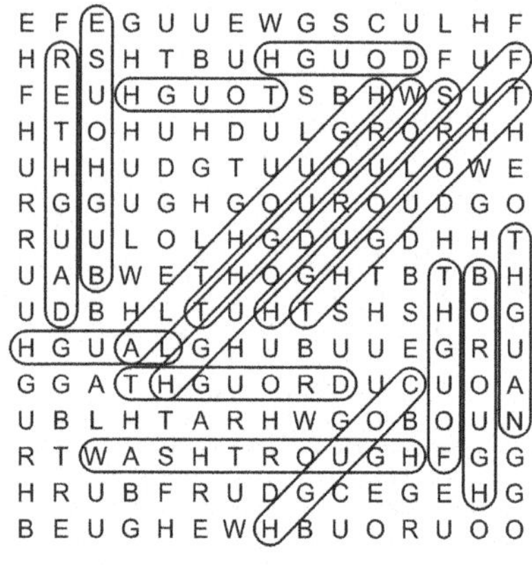

These words all contain "UGH", just like the bad day, bad week, bad month, or bad year you may be having. A bit of advice: If you find yourself saying "ugh" all the time, stop saying it. That will work out well for you, and really well for all the people who constantly hear you saying it.

WHERE HAVE I SEEN YOU BEFORE?

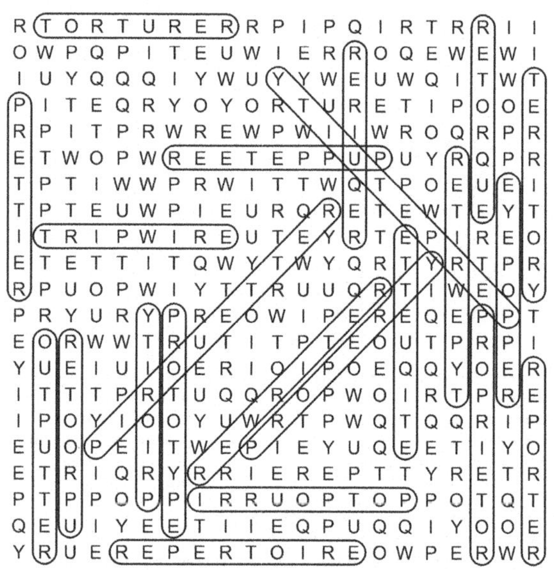

These are all words that can be made using the top row of keys on a standard QWERTY keyboard!

I KNOW I'VE SEEN YOU BEFORE...

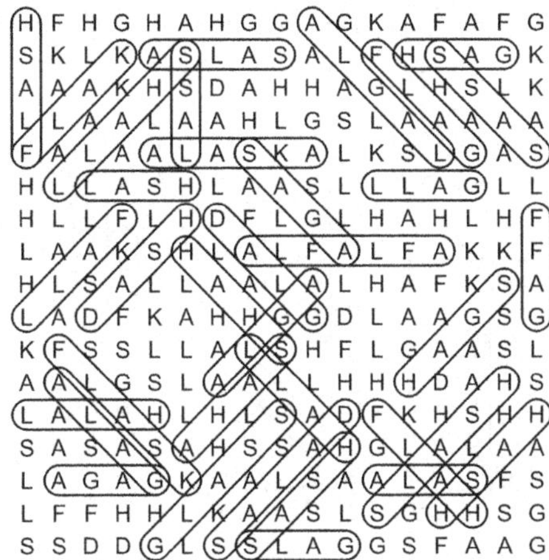

These are all words that can be made using the second row of keys on a standard QWERTY keyboard!

THAT'S IT!

These are the keys from the bottom row of the standard QWERTY keyboard, with which you can make no words!

A REAL SNOOZEFEST

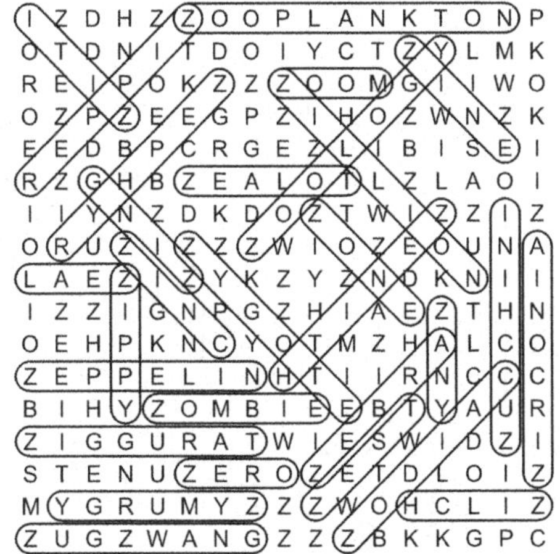

The language with all those Z's is Polish. Seriously, it's a lot of Z's.

WHAT DID YOU SAY?

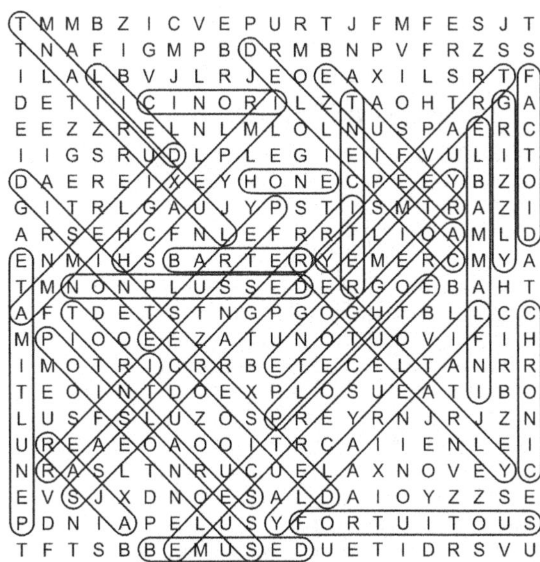

First, the word that has been used in a previous puzzle is TORTUOUS, which was in the T-R-A-N-S-U-B-I-O puzzle. The commonality between these words is that they are words frequently used incorrectly by people! Some have been used incorrectly so often and for so long that their original definitions have been changed to suit the colloquial usage. This is common of language as it evolves over time, but for some of these words it feels like the dictionaries have given in to the wrongness! But please, don't let them take IRONIC away!

EXPIRED LICENSE

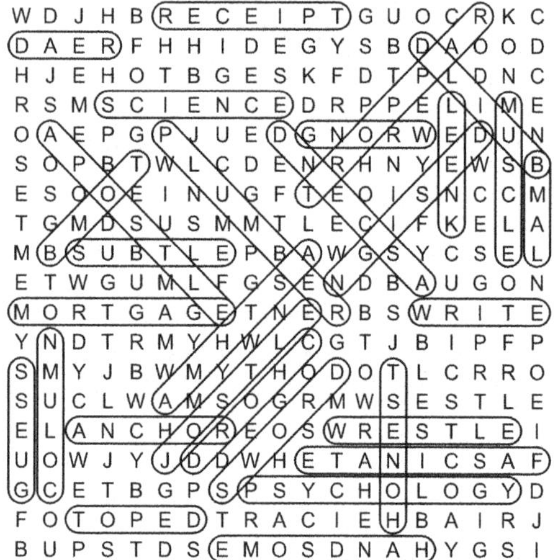

These words all have silent letters in them!

WHAT CREAKS

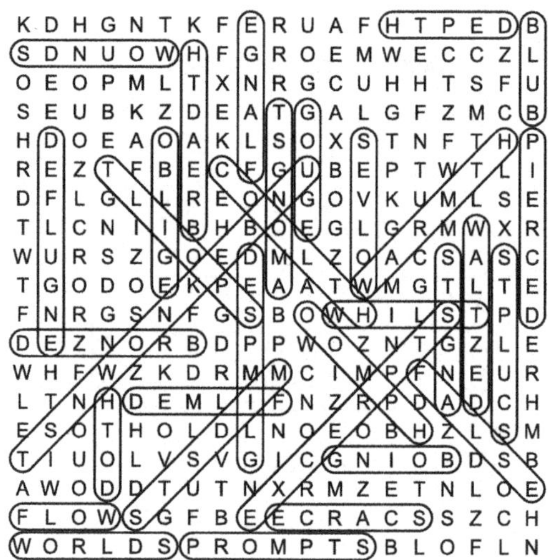

These are all words without rhymes (though I'm sure you'd like to argue with me about it). The title of the puzzle refers to a DOOR HINGE, which was part of Eminem's answer to what rhymes with ORANGE during a 60 Minutes interview with Anderson Cooper: "I put my orange four-inch door hinge in storage and ate porridge with George."

MS. SANDIEGO WAS JUST HERE

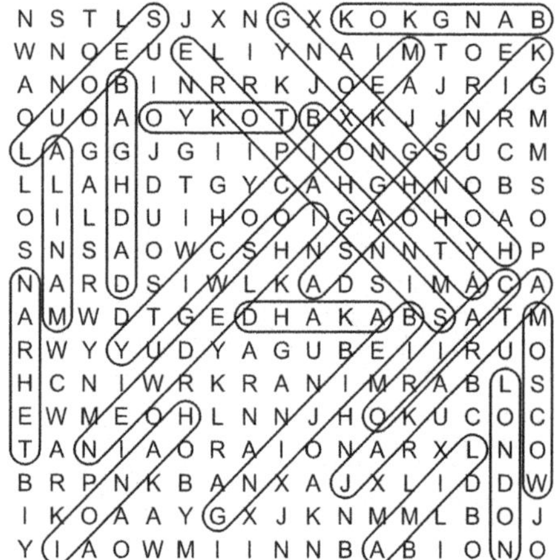

1. Beijing, China - 20.7M
2. New Delhi, India - 16.8M
3. Tokyo, Japan - 13.2M
4. Manila, Philippines - 12.9M
5. Moscow, Russia - 11.6M
6. Cairo, Egypt - 10.3M
7. Jakarta, Indonesia - 10.2M
8. Kinshasa, DR Congo - 10.1M
9. Seoul, South Korea - 10.0M
10. Dhaka, Bangladesh - 8.9M

ALL THE MONEY IN THE WORLD

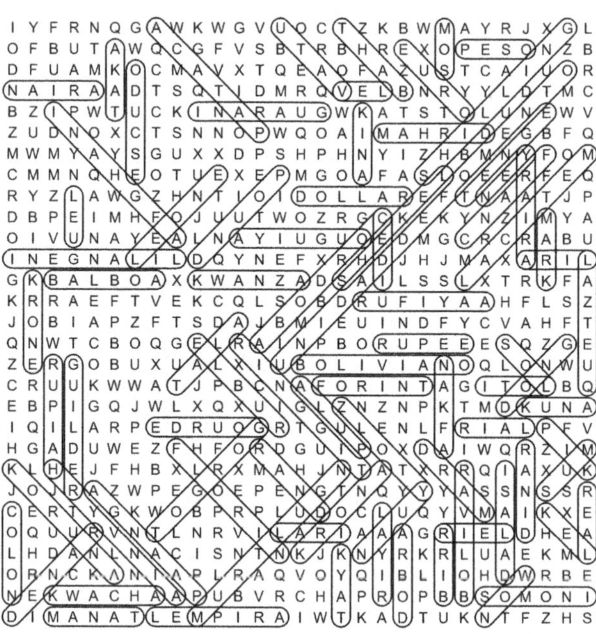

The Federal Reserve says that as of September 26th, 2018 there was approximately $1.69T in circulation. That's 1.6 TRILLION DOLLARS, or, $1,600,000,000,000. Suddenly, making "six figures" doesn't seem like so much anymore...

AFI'S TOP HEROES AND VILLAINS

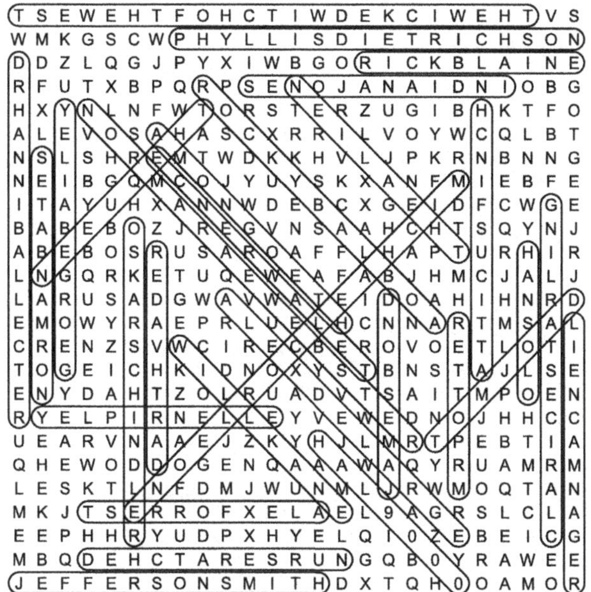

ALEX DE LARGE: "A Clockwork Orange"
ALEX FORREST: "Fatal Attraction"
AMON GOETH: "Schindler's List"
ATTICUS FINCH: "To Kill A Mockingbird"
CLARICE STARLING: "The Silence of the Lambs"
DARTH VADER: "The Empire Strikes Back"
DR. HANNIBAL LECTER: "The Silence of the Lambs"
ELLEN RIPLEY: "Aliens"
GEORGE BAILEY: "It's a Wonderful Life"
HAL 9000: "2001: A Space Odyssey"
HAN SOLO: "Star Wars"
INDIANA JONES: "Raiders of the Lost Ark"
JAMES BOND: "Dr. No"
JEFFERSON SMITH: "Mr. Smith Goes to Washington"
MICHAEL CORLEONE: "The Godfather: Part II"
MR. POTTER: "It's a Wonderful Life"
NORMA RAE WEBSTER: "Norma Rae"
NORMAN BATES: "Psycho"
NURSE RATCHED: "One Flew Over the Cuckoo's Nest"
OSKAR SCHINDLER: "Schindler's List"
PHYLLIS DIETRICHSON: "Double Indemnity"
REGAN MACNEIL: "The Exorcist"
RICK BLAINE: "Casablanca"
ROCKY BALBOA: "Rocky"
T. E. LAWRENCE: "Lawrence of Arabia"
THE ALIEN: "Alien"
THE QUEEN: "Snow White and the Seven Dwarfs"
THE WICKED WITCH OF THE WEST: "The Wizard of Oz"
TOM JOAD: "The Grapes of Wrath"
WILL KANE: "High Noon"

ALEXA'S TOP 20 WEBSITES

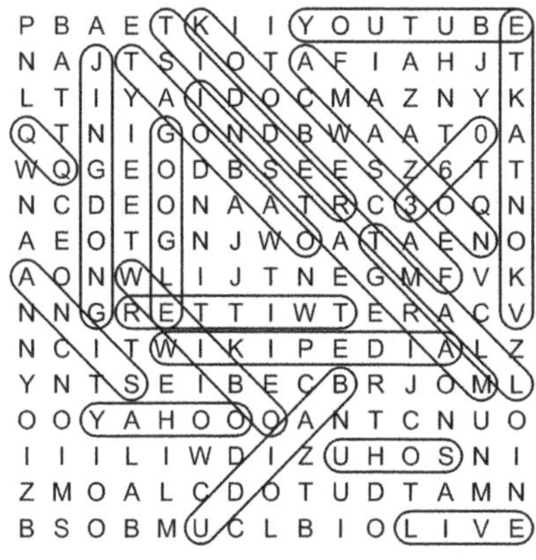

VALLEY OF THE DOLLS

These words are known as "Matryoshka Words" – coming from the name of the famous Russian nesting dolls. That's because each word can have a letter taken off its end and still be a word, all the way down to three letters in this case (and sometimes two):

BARRETTER: Barrette, Barrett, Barret, Barre, Barr, Bar
BRANDY: Brand, Bran, Bra
BURROW: Burro, Burr, Bur
BUTTERY: Butter, Butte, Butt, But
CAPER: Cape, Cap
ERASER: Erase, Eras, Era, Er
MAXIMAL: Maxima, Maxim, Maxi, Max, Ma
PASTEL: Paste, Past, Pas, Pa

LAUGHING MY ___ OFF

You're looking for: LLAMA, LOAM, LOLL, LOOM, MAAM, MALL, MAMA, MAMMAL, and MOMMA

ROTTEN TOMATOES

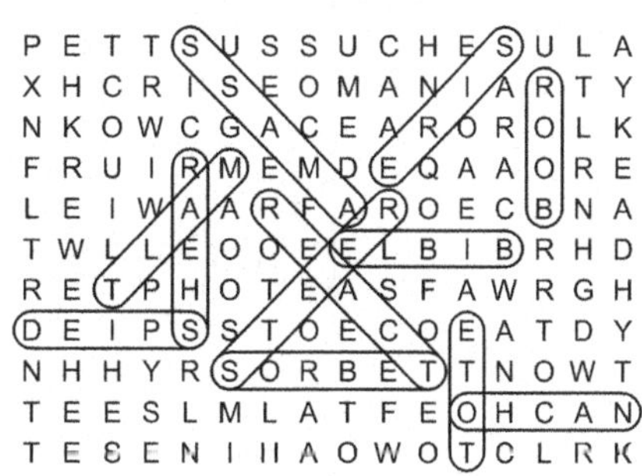

Each row of the grid contains the sixteen scrambled letters of a famous movie title. Try to unscramble them all. The answers are on the bottom of the following page.

NOAH'S ARK WAS BIG

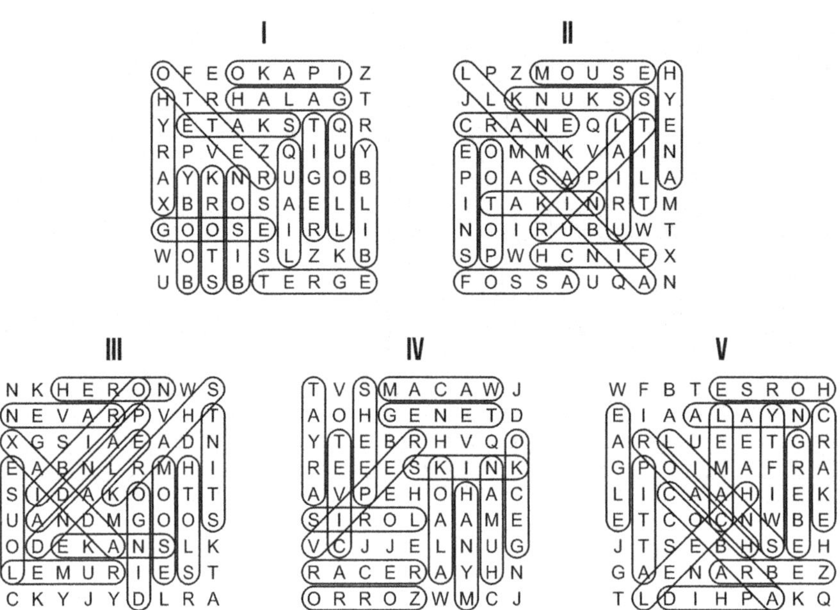

HOT AIR BALLOON

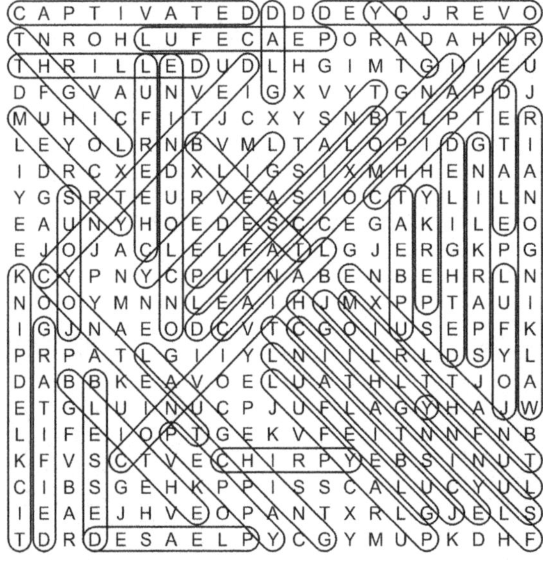

The five happy phrases you're looking for are: CAN'T COMPLAIN, FLYING HIGH, ON CLOUD NINE, TICKLED PINK, and WALKING ON AIR.

Solution to the puzzle on previous page

From top to bottom: THE USUAL SUSPECTS, AMERICAN HISTORY X, A CLOCKWORK ORANGE, REQUIEM FOR A DREAM, LAWRENCE OF ARABIA, THERE WILL BE BLOOD, THE GRAPES OF WRATH, DEAD POETS SOCIETY, NORTH BY NORTHWEST, THE MALTESE FALCON, THE SOCIAL NETWORK

Oh, and on the back cover of the book you're looking for:

ADEPT	ELOQUENCE	MELODY	TACTICS
AGONY	3x EMU	MINT	TAKE
ALLURING	ENCHANTING	MOXIE	TANTRUM
BRILLIANCE	EPHEMERAL	NEMESIS	TELEXED
CAPRICIOUS	5x EYE	ONUS	TENACITY
CHAOTIC	GLUM	PAVE	TENDRIL
CHARM	GOLDEN	PROBATIVE	TORPEDO
CONNIPTION	HULK	PSYCHOSIS	TRANQUILITY
CULTIC	HYPER	2x RUG	TREE
DAUNT	IMPUGN	SALIENCE	TYRANT
DEBUTANTE	LABYRINTH	SCINTILLATING	ULTIMATE
DECODE	LEAP	SIBILANCE	VIPER
DELECTABLE	LEGACY	SINEW	VORTEX
DEMURE	LULLABY	SPLICE	2x YAK
DISARRAY	LUNATIC	2x SPY	3x YEN
EELY	2x MAR	STRAY	
ELIXIR	MELEE	SWIFT